Dr. LUSH GJERGJI

MUTTER TERESA GANZ NAH

Gespräche mit der Heiligen Mutter Teresa

Aus dem albanischen ins deutsche übersetzt
von Selajdin Gashi (+) und Arben Gashi

Impressum

1. Auflage 2019

Erschienen anlässlich des 40-jährigen Jubiläums des Friedensnobelpreises (1979)

2. Auflage 2022

In der Verlagsgruppe Mainz

Printed in Germany

Bernardus-Verlag
Verlagsgruppe Mainz
Süsterfeldstraße 83
52072 Aachen
www.bernardus-verlag.de

Druck und Vertrieb:
Druck & Verlagshaus Mainz
Süsterfeldstraße 83
52072 Aachen
www.verlag-mainz.de

Korrektur:
Silvia Schmitz-Gashi

Verantwortlicher Redakteur:
Don Fatmir Koliqi

Bilder:
Persönliches Archiv des Autors

Cover und grafische Bearbeitung:
Gojart Sejdiu

ISBN-10: 3-8107-0369-9
ISBN-13: 978-3-8107-0369-9

Dieses Buch wurde übersetzt und zur Veröffentlichung in deutscher Sprache vorbereitet von: Albanischer Bund der Schriftsteller, Künstler & Kulturschafenden in Deutschland, (ABSKK Deutschland) und vom Vorsitzenden: Pal Sokoli

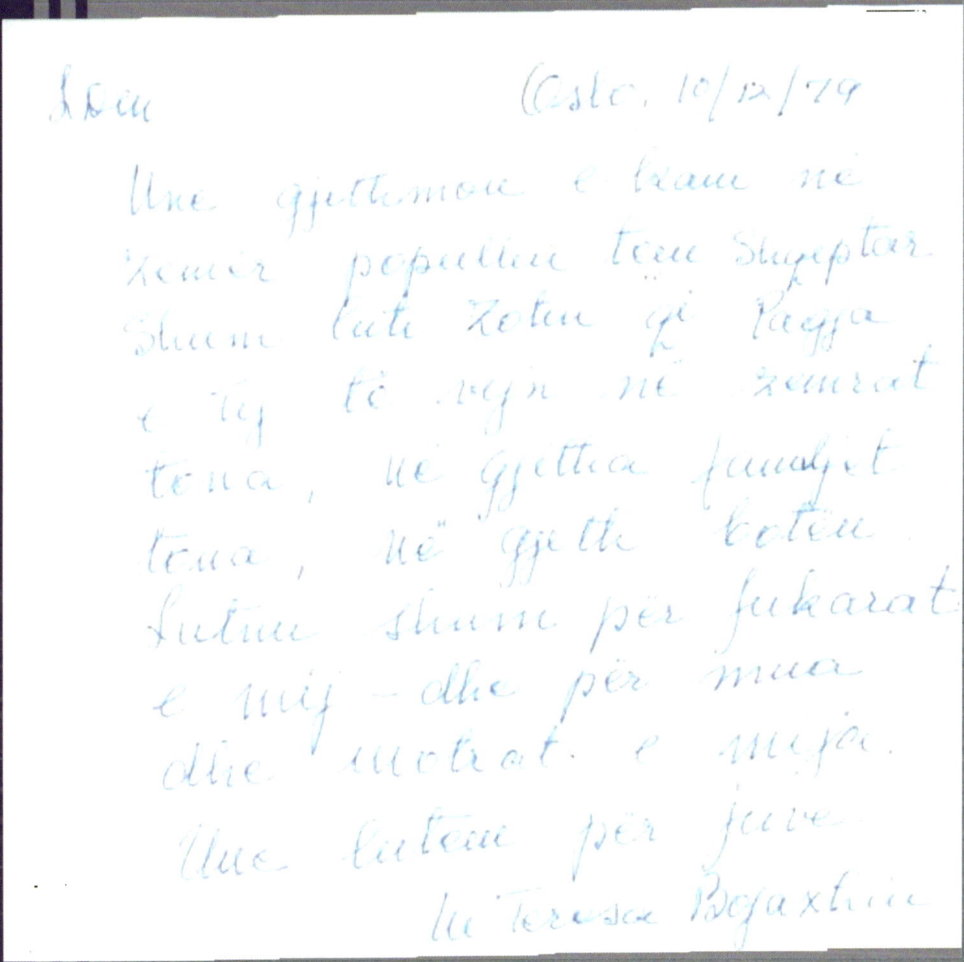
LDM Oslo, 10/12/79

Une gjithmonë e kam në
zemër popullin tonë Shqiptar.
Shumë luti Zotin që Paqja
e Tij të vijë në zemrat
tona, në gjitha familjet
tona, në gjithë botën.
Lutmi shumë për fukarat
e mij - dhe për mua
dhe motrat e mija.
Une lutem për juve.
M Teresa Bojaxhiu

Handgeschriebenes in ihrer Muttersprache, Albanisch:

Oslo, 10/12/79

Ich trage mein albanisches Volk immer in meinem Herzen. Ich bitte den Herrn inständig, dass sein Friede in unsere Herzen, zu allen unseren Familien, zur ganzen Welt kommt. Ich bete für die Armen –für mich und meine Schwestern. Ich bete für euch alle.

Teresa Bojaxhiu

EINLEITUNG

Seit meinem ersten Treffen mit Mutter Teresa in Rom (1969), habe ich immer versucht ihr treu durch die Wege der Welt zu folgen, um mich mit den Erfahrungen ihres Lebens zu bereichern. Selbst nach all den Jahren, bin ich mir nicht sicher, wie gut ich sie kenne und verstehe und befähigt bin ihre Schriften und Zeugnisse an andere weiterzugeben.

Jedes Treffen mit ihr war geprägt durch eine neue, eine tiefe Erfahrung, eine Herausforderung und gleichzeitig die Selbstwahrnehmung des Anderssein.

Den letzten Jahren war ich tagelang bei ihr, beobachtete sie in ihrem Tun und war ihr nah im gemeinsamen Gespräch und Gebet. Ich begleitete sie bei ihren Besuchen in ihrer Heimatstadt
und in unserem Bistum (1970, 1978, 1980, 1982, 1986), und bei der Gründung des Hauses der "Missionare der Nächstenliebe" in Zagreb (1979), Shkup (Skopje) (1980). Mehr als einmal war ich mit ihr in Rom, aber vor allem verbrachte ich wundervolle, für mich unvergessliche Tage in Norwegen (Oslo, 8.-13. Dezember 1979), zusammen mit ihrem Bruder Lazër und ihrer Nichte Age Bojaxhiu - Guttadauro, mit unserem albanischen Bischof Monsignore Nikë Prela und anderen.

Unvergesslich sind zehn Tage in Kalkutta im Jahr 1989, die wir gemeinsam in ihrem unmittelbaren Lebensraum verbrachten, der geprägt war durch Armut, Leiden, Elend und Verzweiflung. Die Treffen und Gespräche mit Mutter Teresa waren stets intensivund inspirierend, so dass ich sie dem Leser gerne Wort genau wiedergeben würde, um die Spiritualität Mutter Teresas begreifbar zu machen. Für den geneigten Leser, der ihren Spuren folgen möchte, kann sie ein Lotse zu Glaube und Liebe zu Gott und zu gelebter Nächstenliebe sein.

Zum 40. Jahrestag des Empfangs des Friedensnobelpreises (Oslo, 10. Dezember 1979), veröffentlichen wir exklusive Interviews, die sie in mehreren Ländern bei unterschiedlichen Gelegenheiten gegeben hat, sowie Fotodokumentationen, Reden und Vorträge über ihre Visionen und Botschaften an die Menschen bei ihren fünf Besuchen in Kosovo, ihr spiritueller Nachlass an die Nachwelt.

Ihr erstaunliches Leben und Arbeiten, Ausdruck ihres erleuchteten Verstands, ihrem großen Herzen und ihrer Liebe zu Gott unddem Nächsten, kann als Saat und Inspiration in unseren Herzen aufgehen, wenn wir die Erinnerung an sie lebendig halten.

Verharren wir nicht nur in Ehrfurcht und Bewunderung, sondern bemühen wir uns durch Nachahmung und Aneignung im täglichen Leben unser Dasein durch gelebte Werte und Tugenden zu bereichern und im Vertrauen auf Gott, Liebe und Hoffnung weiterzugeben, wie unsere Heilige Mutter Teresa uns gelehrt und vorgelebt hat.

INTERVIEWS

GESPRÄCH MIT MUTTER TERESA IN PRIZREN

Mutter Teresa, wir haben viel über Sie gehört, über die Elenden und Kranken, können Sie uns etwas über die mit Ihnen verbundenen Schwestern mitteilen. Was tun sie für die Armen und Kranken?

Mutter Teresa: Sie kümmern sich um sie, geben ihnen Nahrung, Schutz, kurz gesagt, leben ganz für sie.

Frage: Kommt es vor, dass sich einer von ihnen von dem Ausschlag erholt?

Mutter Teresa: Bei rechtzeitiger Behandlung ist durch potente Medikamente Heilung möglich, was bei Hunderten der Fall war, die bereits behandelt worden sind.

Frage: Engagieren Sie sich neben der Betreuung der auf der Straße lebenden Menschen noch in anderen Bereichen, beispielsweise für Kinder?

Mutter Teresa: Wir haben Grundschulen für arme Kinder aufgebaut. Wir haben Kinder ab einem Alter von einem Tag bis vier Jahren, ungefähr 5000 Menschen, die von den Schwestern betreut werden.

Frage: in welchen anderen Bereichen sind Sie für Erwachsene tätig?

Mutter Teresa: Wir sorgen uns um alle bedürftigen Menschen, um Männer wie um Frauen und Kinder jeglichen Alters. Für ältere Kinder haben wir unter anderem Bastelstunden eingerichtet.

Frage: Kommen die Kranken selbständig zu Ihnen oder sprechen Sie sie auch auf der Straße an, wenn Sie Elend sehen?

Mutter Teresa: Wir, die Schwestern, sind fast den ganzen Tag auf der Straße. Diese Vorgehensweise entspricht unseren Vorschriften. Auf der Straße sieht man viele vernachlässigte Kinder, welchen wir Hilfe

Don Nikollë Mini mit Mutter Teresas, (Prizren 1970)

anbieten. Die Menschen, die uns und unsere Arbeit kennen, bringen aber auch zum Teil Bedürftige zu uns. Und der indische Staat kennt und schätzt unsere Arbeit sehr und unterstützt uns dabei.

Frage: Verfügten Sie zu Beginn ihrer Tätigkeit über irgendwelche finanziellen Mittel?

Mutter Teresa: Anfangs standen uns keinerlei materielle Mittel zur Verfügung. Wir verstehen unsere Arbeit als Auftrag Gottes, da der Mensch mehr als Pflanzen und Blumen ist. Er, der Mensch bedarf unserer Hilfe. Wir leben wie unsere Armen und Bedürftigen unter den gleichen Lebensumständen, damit uns täglich bewusst ist, was Armut bedeutet.

Frage: Für welche Anzahl von Menschen bereiten sie täglich Mittag – und Abendessen zu?

Mutter Teresa: Allein in Kalkutta bereiten wir jeden Tag Essen für 4000 Personen zu.

Frage: Lassen Sie mich eine etwas persönliche Frage stellen: Was war der schwerste Tag Ihres Lebens?

Mutter Teresa: Es gab keinen „schwersten Tag". Alle unsere Schwestern führen ein spirituell ausgerichtetes Leben, geprägt durch Gebet und Entsagung für den Dienst am Nächsten. Aufder Welt gibt es viele schwere Krankheiten, aber die schlimmste Erkrankung ist der Mangel an Liebe zwischen den Menschen. Wir sollten immer glücklich und zuversichtlich sein, Gott zu den Armen zu bringen und ihnen Liebe geben und die Armen zu Gott bringen.

Frage: Mutter Teresa, könnten Sie Ihren täglichen Tagesablauf schildern?

Mutter Teresa: Die Schwestern stehen täglich um 4:40 auf, widmen sich dem Gebet und der geistigen Versenkung, um 6:00 beginnt die heilige Messe. Nach der Messe wechseln wir unsere Kleider und waschen das eine Teil von Zweien, die wir unser Eigen nennen.

Frage: Entschuldigen Sie bitte, dass ich Sie unterbreche. Wie hoch ist der Preis für ein derartiges Kleidungsstück?

Mutter Teresa: Es kostet keinen Dollar (damals 1970 etwa 1200 Dinar in Kosovo). Um 7.30 Uhr verlassen alle Schwestern das Haus, nur zum Essen, Schlafen und der Messe finden sie sich hier ein. Die Arbeit findet auf den Straßen des Landes statt. Um 12.00 Uhr kehren sie nach Hause zum Essen zurück. Anschließend folgt die spirituelle Meditation, dann der Kreuzweg und eine kurze

Pause, 30 Minuten für alle, da sie den ganzen Tag auf den Beinen sind. Dann beginnt das Gebet dem Allerheiligsten; die spirituelle Lesung, und um 15.00 Uhr gehen die Schwestern wieder aus dem Haus bis auf die Novizen und Postulantinnen, sie bleiben zu Hause. Um 19.00 Uhr kehren alle zurück. Vor dem Abendessen wird dem Sakrament Ehre erwiesen und um 20.30 Uhr werden Putz- und Reinigungsarbeiten im Haus verrichtet und um 21.00 Uhr beginnt die Nachtruhe.

Frage: Drückt die täglich harte Arbeit nicht manchmal auf die Stimmung?

Mutter Teresa: Ein Stimmungstief können wir in unserer Kongregation nicht zulassen, da wir den Menschen in ihrem Elend, mit denen wir täglich zu tun haben, Freude bei unserer Arbeit vermitteln wollen. Wir haben keinen Grund traurig zu sein, weil wir immer bei Jesus sind. Wenn wir die neuen Kandidaten in unsere Mitte aufnehmen, fragen wir zuerst, ob sie gesund sind, weil sie sehr viel Unterricht und viel Arbeit erwartet: Einige haben Medizin abgeschlossen, promoviert, einige sind Professoren, andere sind Juristinnen. Deshalb müssen sie unter anderem Freude am Lernen haben und ausgeglichen und zufrieden sein.

Frage: Möchten Sie uns noch etwas im Besonderen mitteilen oder haben Sie eine Botschaft für uns?

Mutter Teresa: Ja. Ich bitte darum, dass Sie uns in ihre Gebete einschließen, weil wir jetzt in Indien mehr als 33 Häuser haben und 600 Schwestern sind. Unsere Schwestern sind nach Afrika, Australien und Südamerika gegangen, und kürzlich hat uns der Heilige Vater gerufen, ein Haus in Rom zu eröffnen. Am 16. Juli werden wir nach Jordanien reisen, um unter den arabischen Flüchtlingen zu leben. Beten Sie, dass Gott diese Arbeit unter diesen Menschen segnet, die so sehr leiden, dasswir diesen Menschen Frieden und Freude geben möchten.

Frage: Vergeben Sie mir, weil ich beinahe vergessen hätte. Der Heilige Vater hat Ihnen ein Auto geschenkt, was haben Sie mit diesem Auto gemacht?

Mutter Teresa: Der Heilige Vater gab uns ein Auto, und als er es uns schenkte, sagte er: "Ich schenke dieses Auto den Schwestern der Barmherzigkeit für ihr Wirken an den Menschen." Wir haben eine Lotterie organisiert und das Auto zu Geld gemacht, und jetzt bauen wir die "Stadt des Friedens".

Dort werden wir mehr als 400 Familien leben, dann werden wir die Berufsschule und das Krankenhaus aufbauen Dort sind Schwestern tätig darunter Oberin Francis Devia, eine Jugoslawin aus Banja Luka, und Ärztinnen, die unter ihr arbeiten.

Frage: Sie fahren jetzt nach Rom. Voraussichtlich werden Sie den Heiligen Vater dort treffen. Himmlische Grüße senden wir ihm im Namen unseres Landes, und teilen Sie ihm bitte mit, dass wir für seine Heiligkeit beten. Mutter Teresa, wir hoffen, dass unser Volk einen guten Eindruck bei Ihnen hinterlassen hat?

Mutter Teresa: Ja, das ist unser Volk. Gott segne euch!

Das Gespräch führte: Mons. Nikollë Mini
(Drita, Nr. 11/1979, Seite 12)

DER ALTE WUNSCH ZU MEINEM ALBANISCHEN VOLK ZURÜCKZUKEHREN

Mutter Teresa, Sie sind in verschiedenen Teilen der Welt präsent. Wie fühlen sie sich, wenn Sie auf der der Welt all das menschliche Leid sehen und erleben? Können Sie uns etwas über Ihre Arbeit mit den Armen erzählen?

Mutter Teresa: Ja, ich habe verschiedene Erfahrungen gemacht. Ich erinnere mich, als ich die Menschen aufnahm, die auf derStraße starben und an meine Arbeit mit verlassenen Kindern und Streunern. Bisher haben wir 36.000 Menschen versorgt, die vor dem Tod standen, von denen 16.000 gestorben sind, aber sie sind wenigstens in Frieden gestorben. Menschen aus aller Welt leiden am meisten unter Einsamkeit, Vergesslichkeit, Hunger, Krankheit...

Frage: Wie viele Ordenshäuser haben Sie auf der ganzen Welt?

Mutter Teresa: Wir haben 112 Häuser von "Missionaren der Nächstenliebe" auf der ganzen Welt... Wir haben unser LebenGott und den Armen gewidmet. In diesen 27 Jahren habe ich nie jemanden abgelehnt. Wir haben über 46.000 Obdachlose, viele Häuser für Sterbende, viele Schulen und Krankenhäuser. Die göttliche Vorsehung hilft uns ständig.

Frage: Wer sind wohl jene Helfer, die die Menschen auf der Straße in Obhut nehmen und zu Ihnen bringen?

Mutter Teresa: Hilfsbedürftige Menschen gibt es überall. In einigen Fällen bringen Menschen aus dem gleichen Umfeld sie zu uns, oder auch die Polizei, weil bekannt ist, dass wir für diese Menschen arbeiten und dass wir sie mit offenem Herzen empfangen. Mit Liebe nennen wir sie „unsere Menschen" und andere bezeichnen sie als „Mutter Teresas" Menschen.

Dr. Lush Gjergji mit Mutter Teresa, (Shkup, 1978)

Frage: Die Anzahl der Schwestern, die mit so vielen Menschen arbeiten, muss groß sein? Wie viele Schwestern widmen sich dieser Arbeit?

Mutter Teresa: Wir haben jetzt 1.450 Missionsschwestern der Liebe, die mit den Ärmsten der Armen arbeiten. Wir diskriminieren niemanden in Bezug auf Rasse, Nation, Kaste, Religion usw. Wir betrachten sie als unsere Nächsten, die krank sind, arm, hungrig und durstig sind; da Jesus gesagt hat: "Ich war immer hungrig, krank, obdachlos ... und ihr habt mir geholfen."

Frage: Haben Sie auch irgendwelche Interessierte aus Jugoslawien?

Mutter Teresa: Bisher haben wir nur 5 Schwestern und 2 Mädchen, die sich auf das Ordensleben vorbereiten. Ich hoffe, dass es weitere Interessenten zukünftig geben wird, denn in unserer Kongregation haben wir Schwestern aus 35 verschiedenen Ländern...

Frage: Was ist Ihrer Meinung nach der schwersten Krankheit der Welt?

Mutter Teresa: Die schwerste Krankheit ist weder Lepra noch Krebs, sondern die Einsamkeit; von allen ignoriert und vergessen worden zu sein. Jene Menschen, die keine Liebe, Freude und keinen menschlichen Kontakt haben, leiden sehr. Die Zahl dieser Menschen nimmt jedoch ständig zu.

Frage: Der Wunsch Ihrer Schwestern, Sie wieder unter uns in Shkup (Skopje) zu haben, wird von vielen Menschen gespürt. Was können Sie darüber sagen?

Mutter Teresa: Dies war mein langjähriger Wunsch, zu meinem albanischen Volk, zu meiner Heimatstadt, zu unserem Bistum Shkup (Skopje) – Prizren, zu meinem Volk und meinen Schwestern zurückzukehren. Wenn es einen Aufruf gäbe, würde ich ihnen freiwillig meine Schwestern geben.

Frage: Ich habe gehört, dass jeder Sie in Indien und überall auf der Welt schätzt. Stimmt es, dass Sie und Ihre Schwestern kostenlos durch Indien reisen?

Mutter Teresa: Zu Beginn meines "neuen" Lebens musste ich viel reisen und das kostete zu viel, deshalb drückte ich den Wunsch aus, während der Reise nützlich zu sein, einen Dienst zu leisten, zum Beispiel als Gastgeberin in einem Flugzeug, aber sie lehnten meinen Vorschlagab. Unser Land hat mir und meinen Schwestern die Erlaubnis gegeben, kostenlos durch Indien zu reisen. Ich bin die einzige Person in Indien, die diese Erlaubnis hat, dieses Privileg.

Don Gaspër Gjini mit Mutter Teresa, (Shkup 1978)

Frage: Es ist gesagt und geschrieben worden, dass Sie für den Friedensnobelpreis nominiert worden sind. Wie würden Sie diese Auszeichnung annehmen?

Mutter Teresa: Das wäre eine große Freude für mich, denn wir haben den Bau von 200 Häusern für die Armen geplant, für ihre Familien. Wenn ich den Preis bekomme, wäre das großartig, aber wenn nicht, wäre es immer noch dasselbe.

Frage: Wie fühlen Sie sich nach so vielen Jahren unter Ihren Leuten hier in Ihrer Heimatstadt Shkup (Skopje)?

Mutter Teresa: Ich bin sehr glücklich, dass ich zum zweiten Mal seit meiner Abreise zu Missionen wieder hier bin. Meine erste Rückkehr war 1970. Ich finde es sehr schwierig, mich an so viele Menschen zu erinnern. Ich arbeite mit Tausenden von Menschen, deshalb kann ich mich nicht an alle erinnern. Meine Heimatstadt Shkup (Skopje) ist mir eindrücklich präsent, obwohl sie sich sehr verändert hat, die Pfarrei des Heiligen Herzens, unsere Tätigkeit dort. Ich erinnere mich besonders an viele gute Priester, die für meine Entwicklung und meinen Weg wichtig waren.

Monsignore Nike Prela mit Mutter Teresa
Shkup (Skopje) 1978

Ich denke insbesonderean meine Familie, meinen verstorbenen Vater Kolë und meine Mutter Drane, die jetzt mit meiner Schwester Age in Tirana lebt, sowie an meinen Bruder Lazri, der jetzt in Palermo lebt. Ich habe mich oft mit meinem Bruder getroffen, entweder in Rom oder in Palermo, da wir dort seit 1974 ein Heim für ältere und arme Menschen haben. Ich habe meine Mutter und meine Schwester seit 1928 nicht mehr gesehen, seit meiner Abreise zu Missionen nach Zagreb …[1]

Durch Liebe und Gebet haben wir bisher viel erreicht, aber für manche Dinge sind Grenzen und Hindernisse selbst mit Liebe nicht zu überwinden. Nur Gott kennt den Grund, warum meine Mutter und meine Schwester so leiden müssen. Zweifellos helfen mir ihre Gebete und Opfer sehr bei meiner Mission. Alles zur großen Ehre Gottes!

Frage: Wann denken Sie, dass Sie nach Shkup (Skopje) zurückkehren können?

Mutter Teresa: Nur Gott weiß, vielleicht anlässlich des Segens der neuen Kathedrale, wenn ich eingeladen werde, oder anlässlich der Eröffnung unseres Hauses...

Frage: Sie sind eine Missionsnonne. Sie haben Missionen unternommen, um für die Errettung der Seelen zu arbeiten. Jetzt haben Sie eine andere Art von Arbeit, eine andere Mission. Wie würden Sie ihre Aufgabe benennen?

Mutter Teresa: Ja, Ihre Frage gefällt mir. Wir leben und arbeiten für den Herrn durch unsere Hingabe, unsere Regelbedingungen. Gott ist Liebe für alle, der Vater von allen, und wir tun unser Bestes,

1 An dieser Stelle verfinsterte sich Ihr Gesicht, sie wirkt traurig, weil sie, wie sie mir erzählte, viele Male bei den politischen Behörden versucht hatte, die Erlaubnis zu erhalten, nach Albanien einzureisen und ihre Mutter und Schwester mitzunehmen, aber vergebens. Die albanischen Behörden gaben ihr nie die Erlaubnis, ihre Mutter und Schwester zu treffen ... Nach einer kurzen Pause fuhr sie fort

Mutter Teresa spricht in Zagreb (1979)

um diese Liebe für alle zu bezeugen, besonders für die leidenden Menschen. Die Missionsarbeit besteht darin, die Menschen näher an Gott heranzuführen, dessen Liebe wir in all unseren Handlungen bezeugen. Unsere Berufung ist die Heiligkeit Gottes, d.h. Gotes Zeugen beim Volk und bei allen zu sein.

(Shkup (Skopje), 28. März 1978, aus Don Lush Gjergji, "Mutter der Liebe", DRITA, 2010, S. 200-202)

ERÖFFNUNG DER ERSTEN ORDENSGEMEINSCHAFT „MISSIONARE DER NÄCHSTENLIEBE" IN ZAGREB

Ich bin sehr froh, dass das erste Haus in Jugoslawien eröffnet wird, hier in Zagreb. Wie erleben Sie diese Rückkehr nach 50 Jahren? Haben Sie vor ein weiteres Haus hier in unserem Bistum zu eröffnen?

Mutter Teresa: Mein Kommen nach Kroatien, nach Zagreb, ist mein „Ja", mein Dank an die Missionare, die aus verschiedenen Teilen der Welt zu uns gekommen sind, um das Wort des Herrn an die Menschen weiterzugeben. Ich denke, dies ist der beste Weg, den Eltern dieser Missionare zu danken, die ihre Söhne und Töchter, Gott, der Kirche und dem Volk gegeben haben. Unsere Ankunft in Zagreb ist ein Zeichen unserer Liebe zur katholischen Kirche... Ich hoffe, nächstes Jahr ein weiteres Haus der "Missionare der Nächstenliebe" zu eröffnen, diesmal in unser Bistum Shkup (Skopje) - Prizren. Dies wäre ein Zeichen meiner

Dankbarkeit gegenüber dem Volk, der Kirche und mein Beitrag zu ihrer treuen Haltung gegenüber dem Herrn und der Kirche.

Ich weiß, dass mein albanisches Volk schwere und schwierige Zeiten erlebt, aber trotz allem und mit vielen Opfern sind sie treu geblieben. Ich hoffe, dass sie dies auch in Zukunft tun werden.

Ich bete inständig für dieses Ziel, für mein Volk; das ist die einzige Hilfe, die ich ihm (meinem Volk) vorläufig geben kann...

Frage: Wie ist die Situation der Kirche in Indien? Ich habe von einem Gesetz gehört, das jede religiöse Aktivität, Bekehrung, verbietet. Wie sind die Beziehungen zwischen verschiedenen Religionen in Indien?

Mutter Teresa: Dieses Gesetz ist vom Parlament noch nicht bewilligt worden und wird es möglicherweise auch nicht. Diese

Art von Problemen haben die Christen enger zusammenstehen lassen. Um besser leben zu können, müssen wir bessere Christen werden und einander helfen und lieben lernen. Die Beziehungen zwischen den verschiedenen Religionen verbessern sich ständig. Es ist beispielsweise keineswegs schwierig miteinander zu arbeiten.

Frage: Gott hat dich für dieses Werk und Zeugnis ausgewählt, während das albanische Volk für ein großes Leiden, für Jahrhunderte der Verfolgung ausgewählt wurde. Stellen Sie zwischen dem Leiden ihres Volkes und Ihrem eigenen Weg der Entsagung und des Opfers Parallelen fest?

Mutter Teresa: "Leiden ist ein Zeichen dafür, dass Gott uns liebt, weil er in unserer Nähe ist, uns mit Christus und seinem Kreuz verbindet. Wenn ich Menschen so leiden sehe, denke ich, dass der Weg zur Kreuzigung überall ist, dass das Leiden Christi in unserem Volk lebt. Wenn wir den gekreuzigten Christus betrachten, sehen wir, wie sein Kopf gesenkt ist, um uns zu küssen, seine Arme offen sind, um uns zu umarmen, sein Herz offen, damit wir Zuflucht in ihm finden können...

Ich weiß nicht, was in dieser Welt passieren würde, wenn nicht so viele Menschen leiden würden. Ich biete mich bereitwillig Gott, meinem Volk, der ganzen Kirche und allen Völkern an...

Frage: Bisher haben Sie Seine Heiligkeit Papst Johannes Paul II zwei Mal getroffen. Haben Sie mit ihm über die Situation in Albanien gesprochen?

Mutter Teresa: Nein, ich habe nie mit ihm über Albanien gesprochen, weil es mir nicht angemessen erschien, da er die Situation dort gut kannte. Ich habe mit ihm über unsere Armut gesprochen…

Ich weiß nicht genau, was in Albanien geschieht! Ich weiß jedoch, dass ich immer für sie bete und ich bin überzeugt, dass Gott Gnade walten lässt... Ich erinnere mich an meine Familie, meinen verstorbenen Vater, meine Mutter und alle anderen, wie wir jeden Abend zusammen gebetet haben. Ich hoffe, dass albanische Familien immer noch beten, denn das die größte Gabe Gottes ist, denn die Familie bleibt geeint und sie bleibt zusammen nur, wenn sie zusammen betet.

Frage: Könnte die Reise des Papstes nach Polen ein Zeichen der Hoffnung auf bessere Zeiten in Polen und anderswo für die Kirche, für die Gläubigen sein?

Mutter Teresa: Natürlich. Wohin auch immer der Papst gegangen ist, haben die Religion, die Hoffnung, die Liebe ... zugenommen. Ich denke, Polen wird sich sowieso ändern. Ich wünsche Polen unddder ganzen Kirche, in Ländern, in denen keine Religionsfreiheit herrscht, eine bessere Zukunft.

Frage: Was denken Sie über die heutige Jugend?

Mutter Teresa: Die Jugend von heute ist sehr gut, bereit zur Selbstaufopferung und Opferbereitschaft, aber erst, nachdem sie die Tugenden durch das Gebet entdeckt und erlangt hat.

Wir müssen ihr bei ihrer Suche nach dem Sinn des Lebens, der wahren Berufung helfen. Sie wollen nicht nur gute und schöne Worte, sondern erwarten gelebte Beispiele und Beweise, Zeugnisse des Glaubens und der Tugenden im tätigen Leben. Sie sind leerer Worte überdrüssig. Junge Leute sind entschlossen und mutig, manchmal in ihrer Begeisterungsfähigkeit auch radikal. Ich habe großes Vertrauen in jungen Menschen.

Frage: Warum haben Sie sich für so ein hartes, schwieriges Leben entschieden?

Mutter Teresa: Dies war ein göttlicher Befehl, mich ganz Gott hinzugeben. Er ist mein Schöpfer, also hat er das Recht, mit mir zu tun, was er will. Gott ist alles für mich! Ich habe mich ihm liebevoll, frei und bereitwillig hingegeben, und ich habe es nie bereut. Und hier liegt mein Glück. Ich möchte mit ihm all diese große Liebe und dieses Glück teilen.

(Zagreb, 10.06.1979, aus Don Lush Gjergji. "Mutter der Liebe", DRITA, 2010. S. 202-204)

DIE AUSZEICHNUNG MIT DEM FRIEDENSNOBELPREIS (OSLO, 10.12.1979)

Was bedeutet der Friedensnobelpreis für Sie und Ihre Schwestern?
Mutter Teresa: Für meine Schwestern nichts, weil sich in unserer Kongregation nichts ändert. Diese Auszeichnung, sowie andere, die ich während dieser Jahre erhalten habe, es ist nur für unsere Armen, ich denke, es war ein Geschenk Gottes, eine große Hilfe, damit wir nächstes Jahr etwas für unsere Familien tun können.

Deshalb haben wir viel für dieses Ziel gebetet, weil, wie Sie vermutlich wissen, ist das nächste Jahr (1980) der Familie gewidmet. Heute leiden die Menschen sehr und wenn wir etwas tun können, um Familien wieder zusammenzuführen und jedem ein Zuhause anzubieten, wäre das eine großartige Sache. Diese Auszeichnung zeigt, dass die Welt die Armen anerkennt, daher ist sie verpflichtet ihnen zu helfen. Dies ist ein großer Beitrag für den Frieden, da die Welt endlich verstanden hat, dass das Werk der Liebe für den Frieden wichtig ist.

Frage: Wie sehen Sie als religiöse Persönlichkeit das Problem des Weltfriedens und was sollte Ihrer Meinung nach, getan werden, um den Frieden zu stärken?

Mutter Teresa: Vor allen Dingen müssen wir zum Gebet in der Familie zurückkehren, denn ohne Gebet ist unser Glaube schwach. Wenn wir wirklich glauben und beten, werden wir unser Leben einem Ziel widmen, wir werden unseren Beitrag für den Frieden leisten, OHNE LIEBE WIRD ES NIEMALS FRIEDEN GEBEN!

Frage: Was ist die größte Gefahr für den Frieden?

Mutter Teresa: Die größte Gefahr für den Frieden ist die Abtreibung, denn wenn wir in der Lage sind das Leben zu zerstören, das uns Gott gegeben hat, und wenn die Mutter zur Täterin gegenüber dem eigenen Kind werden kann, wie kann man dann etwas zum Morden und Töten auf der Welt, zu den Kriegen sagen und Stellung beziehen? Heute lieben sich die Menschen nicht mehr und hier liegt der Anfang der Gefahr für den Weltfrieden. Abtreibung ist der Anfang dieser Gefährdung.

Frage: Wie haben die Armen diesen Preis empfangen (wie haben sie darauf reagiert?)

Mutter Teresa: Nun erkennt die Welt die Armen an und ich denke, die Menschen werden ernsthafter über dieses Problem nachdenken. Unsere Armen freuen sich auch über ein wenig Zuwendung, über ein Lächeln, über einen Händedruck, über ein wenig Reis... Sie sind die wirklichen Protagonisten des "Friedensnobelpreises."

Frage: Was ist die Botschaft des Friedens für die Welt am Tag des Friedensnobelpreises, jetzt, wo Sie offiziell die „Mutter des Friedens" geworden sind?

John Sannes übergibt die Medaille des Friedennobelpreises an Mutter Teresa (Oslo 1979)

Die Kinder von Oslo feiern den Friedensnobelpreis (1979)

Mutter Teresa nach der Auszeichnung mit dem Friedensnobelpreis begleitet von Dr. Lush Gjergji (Oslo 1979)

Mutter Teresa: Liebet einander, wie Gott euch liebt. Wir werden vereint sein, wenn wir beten, denn das Beten nährt den Glauben und die Religion nährt die Liebe. Wenn wir glauben und lieben, dann können wir etwas Schönes für Gott und für andere tun.

Frage: "Der Friedensnobelpreis" ist die höchste Auszeichnung auf der ganzen Welt. Andererseits haben unsere Brüder in Albanien keinerlei Religionsfreiheit. Was können Sie uns darüber sagen?

Mutter Teresa: Ich weiß nicht, was ich sagen soll, weil ich nicht weiß, was dort wirklich geschieht. Manchmal erhielt ich einen Brief von meiner Mutter und meiner Schwester aus Tirana. Sie schreiben nur ein paar Worte, sie haben den großen Wunsch, mich und meinen Bruder Lazër noch einmal zu treffen...

Was ich sagen könnte ist, dass ich viel für Albanien bete, dass unser Herr alle erleuchte, damit sie verstehen können, dass die Liebe der Schlüssel zu einem friedlichen Miteinander ist.

Mutter Teresa mit Monsignore Nike Prela und dem Botschafter Jugoslawiens in Norwegen Gjon Shiroka (Oslo 1979)

Unsere albanische Kirche hat den Karfreitag scheinbar noch nicht begangen, aber unsere Religion lehrt uns, dass das Leben Jesu dort nicht endet, sondern sich am Kreuz fortsetzt und mit der Auferstehung seine Vollendung findet. Unser Volk darf und soll das niemals vergessen. Hier liegt das Geheimnis des christlichen Erfolgs. Christus gab sein Leben hin, damit er unser Leben wird, annehmbar für jeden Menschen, jede Familie…Er ist und wird stets bei uns sein.

Frage: Wie betrachten Sie die Reise des Papstes unter dem ökumenischen Aspekt? Wie beurteilen Sie das ökumenische Treffen und das Gebet der letzten Nacht in der Osloer Kathedrale? Wie ist Ihre generelle Meinung zum ökumenischen Gedanken

Mutter Teresa: Unsere Arbeit ist ökumenisch, weil wir mit jedem unterschiedslos arbeiten, um Menschen zu helfen, einander näher zu kommen, damit sie Gott als Liebe erleben. Wir arbeiten nicht nur mit Christen, sondern auch mit Muslimen, Buddhisten, Hindusund anderen. Wenn die Liebe das bestimmende Element ist, werdenwir eine Einheit der Glaubensrichtungen in der Welt haben.

Frage: Hier sind wir alle, Muslime, Katholiken, Kommunisten, Atheisten, alle Albaner, um mit viel Liebe und Dankbarkeit auszurufen: UNSERE MUTTER TERESA. Was werden wir ohne Sie machen?

Mutter Teresa: Daran habe ich nie gedacht. Heute bin ich in Norwegen und ich bin eine Norwegerin, morgen bin ich woanders. Es ist nicht wichtig, wo mein Körper landet. Es ist wichtig, dass ich in Ewigkeit mit Gott lebe.

Frage: Wie würden Sie sich selbst definieren?

Mutter Teresa: Meine Herkunft ist albanisch. Meine Staatsbürgerschaft ist indisch. Ich bin eine katholische, ergebene Nonne. Aber durch meine Berufung gehöre ich der ganzen Welt. Aber mein Herz gehört gänzlich dem Herzen Christi.

Frage: Heute am Tag der Verleihung des Friedensnobelpreises, angesichts aller Preise, Anerkennungen, die Sie erhalten haben, welcher Preis ist der wertvollste, der wichtigste für Sie?

Mutter Teresa: Die wertvollste Huldigung für mich ist die Liebe zu Jesus. Das bedeutet mir alles. Dass eine universelle Liebe auf der Erde herrschen würde, wäre das Wichtigste für mich, vor allem für die Leidenden.

(Oslo, 10. Dezember 1979, aus Don Lush Gjergji, "Mutter der Liebe" DRITA, 2010. S. 204 - 205

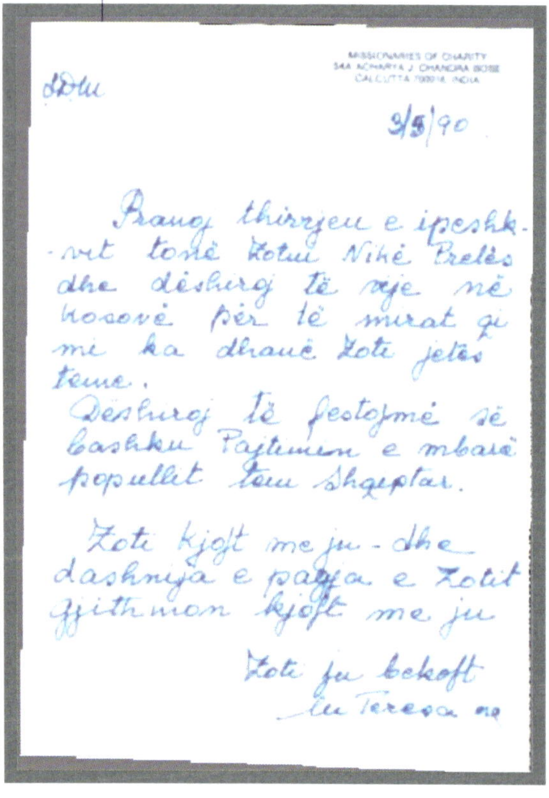
MISSIONARIES OF CHARITY
54A ACHARYA J CHANDRA BOSE
CALCUTTA 700016 INDIA

3/5/90

Pranoj thirrjen e ipeshk-
-vit tonë Zotni Nikë Prelës
dhe dëshiroj të vije në
kosovë për të mirat që
më ka dhanë Zoti jetës
teme.
Dëshiroj të festojmë së
bashku Pajtimin e mbarë
popullit tem Shqiptar.

Zoti kjoft me ju - dhe
dashnija e paqja e Zotit
gjithmon kjoft me ju

Zoti ju bekoft
M Teresa mc

Handgeschriebener Zettel 3/5/90

Ich nehme die Einladung unseres Bischofs Herrn Nikë Prela an und willige ein nach Kosovo zu kommen, in Anbetracht all des Guten, was mir Gott in meinem Leben geschenkt (gegeben) hat.

Ich möchte, dass wir gemeinsam die Versöhnung unseres ganzen Volkes zusammen feiern.

Gott möge mit euch sein - und die Liebe und der Frieden Gottes möge immer mit euch sein.

Gott segne euch
Mutter Teresa

Foto Seite 26: Handschriftliches Original von Mutter Teresa (Bukarest 1990)

ERSTE ORDENSGEMEINSCHAFT "MISSIONARE DER NÄCHSTENLIEBE" IN SHKUP (SKOPJE)

Es ist das dritte Mal, dass Sie unter uns sind, um das Haus der "Missionare der Nächstenliebe" in Shkup (Skopje) zu eröffnen. Für uns Albaner und für unser Bistum bedeutet das viel. Was bedeutet das für Sie?

Mutter Teresa: Dies ist Ausdruck meiner Dankbarkeit, für alles, was ich. von meiner Familie, meinen Eltern, meiner Pfarrei des Heiligen Herzens, von meinem albanischen Volk, meiner Stadt, meinem Volk erhalten habe. Meine Schwestern sind Geschenke an Shkup (Skopje), an mein Volk, an mein Bistum.

Frage: Was denken Sie über die Ausweitung der Kongregation?

Mutter Teresa: Indem wir den Ruf Gottes hören und ihm folgen, erkennen wir, dass er uns liebt, und wir fühlen uns unterstützt in unseren Tätigkeiten und unserem Dienst an den Ärmsten der Armen, wir spüren seine Liebe.

Mutter Teresa zusammen mit Priestern und Ordensschwestern des Bistums Shkup (Skopje) 1980)

Mutter Teresa

Mutter Teresa zusammen mit Monsignore Joachim Herbut und Monsignore Nike Prela in der Residenz Shkup (Skopje) 1980)

Frage: Wie erreichen Sie den Zusammenhalt und das Zusammenwirken Ihrer vielen Schwestern in all den Ländern dieser Welt?

Mutter Teresa: Jede Schwester kennt ihre Pflichten und ihr Versprechen, den Eid, den sie an Gott geleistet hat. Ich gebe mein Bestes, um jede Gemeinde mindestens einmal im Jahr zu besuchen. Ich schreibe regelmäßig an alle. Und dann vereinen wir uns mit Gott als Familie. Wenn die Schwester mit Gott vereint ist, wird sie auch mit ihrer Gemeinde sowie mit ihrem Nachbarn vereint sein.

Frage: Der "Friedensnobelpreis" hat sie noch stärker in den Vordergrund gerückt. Sie werden immer beliebter. Was halten Sie von diesen Auszeichnungen, Ehrungen, Dankbarkeit, Lorbeeren, honoris causa Zeremonien? Jeder hat eine hohe Meinung von Ihnen und nennt Sie Mutter. Welcher Art sind Ihre Empfindungen und Gedanken dabei?

Mutter Teresa: Ich bin die Dienerin Gottes und nichts weiter; ganz in seinem Dienst. Ich mache nichts Besonderes: Ich liebe, weil ich von Gott geliebt werde. Ich möchte die Gegenwart göttlicher Liebe unter den Menschen sein. Alle diese Titel und Zeremonien sind ein Kreuz für mich, ich akzeptiere sie im Namen der Armen und als Reue vor Gott, um in der Lage zu sein das Kreuz sinnbildlich zu tragen.

Frage: Ich habe gehört, dass Sie von den Menschen mit großer Begeisterung begrüßt werden. Das haben wir selbst in Oslo gesehen. Im lutherischen evangelischen Land. Wie erklären Sie die Tatsache, dass es einerseits eine Krise des Glaubens und der religiösen Werte gibt, andererseits aber der Wunsch hörbar wird, den wahren, ursprünglichen Gott zu finden.

Mutter Teresa: Die moderne Jugend, sowie der heutige Mensch, haben keine Lust mehr auf neue Worte und Versprechen. Was sie sehen müssen, ist echte Arbeit und konkrete Beweise. Die heutige Welt ist auf der Suche nach Gott und wir müssen helfen Gott zu entdecken und durch gelebte Christlichkeit und Liebe Zeugnis seines Wirkens durch uns abzulegen.

Frage: In Paris haben junge Leute den Papst gefragt: Wer ist Jesus für Sie? Und er beantwortete die Frage bereitwillig. Können Sie uns sagen, wer Jesus Christus für Sie ist?

Mutter Teresa: Für mich ist Jesus Christus alles, was ich habe und bin. Er ist mein Herz und mein Leben, das Brot des Lebens. Heute kann er ein hungriger und sterbender Mann auf den Straßen der Welt sein, einsam, von allen vertrieben, aus Familie und Gesellschaft verbannt, ein Elender, und ich liebe ihn und diene ihm in dem Zustand, wie er ist.

Frage: Sie sagen, Sie hatten eine glückliche Kindheit, haben aber dennoch Ihr ganzes Leben lang gelitten. Erstens war es der Tod Ihres Vaters, die Trennung von Ihrer Mutter, von Ihrer Schwester, von Ihrem Bruder, das harte Leben in Indien, der "zweite Anruf" und all das Elend, das damit einhergeht. Vor einiger Zeit habe ich mit Ihrem Bruder Lazër telefoniert, der in Palermo lebt und mir erzählt hat, dass er schwer krank ist. Was bedeutet Leiden für Sie?

Mutter Teresa: Leiden, Schmerz, Elend, sind große Herausforderungen, die von Gott kommen. Jesus selbst sagte: "Nimm das Kreuz und folge mir!" Das Leiden gibt uns die Möglichkeit ihn nachzuahmen, eins mit dem Kreuz zu werden. Es ist der beste Weg, Gott nahe zu sein.

(Prishtinë, 28.06.1980, aus Don Lush Gjergji, "Mutter der Liebe". DRITA, 2010, S. 205 - 207)

"MEIN GEHEIMNIS IST JESUS, SEINE LIEBE FÜR UNS"

Mutter Teresa, Sie sind 75 Jahre alt, davon 55 Jahre regulärer Amtszeit, 35 Jahre als "Missionarin der Nächstenliebe". Was ist Ihr Geheimnis, wie schaffen Sie es auf dieser Weise zu leben, so viele Dinge zu tun, so viele gute Taten zu vollbringen?

Mutter Teresa: Mein Geheimnis ist Jesus, seine große Liebe zu uns ist Gebet, Meditation, eine Stunde täglicher Anbetung, meine religiösen Gelübde. Mein Leitgedanke lautet: Alles für Jesus, alles für Jesus durch Maria! Schau: hier sind alle fünf Finger, du hast das für mich getan! Denken Sie daran und schauen Sie auf die Hand, die fünf Finger, jeden Morgen und Abend, schauen Sie auf Ihr Gewissen: Was habe ich für Jesus getan? Das hat vielen Menschen geholfen.

Wenn Sie etwas falsch gemacht haben, ist es Ihre Schuld. Wenn Sie etwas Gutes getan haben, dann danken Sie Gott genau wie in dem Buch, das Sie mir vorgestellt haben: "Unser Leben besteht darin, Danke zu sagen und Vergebung zu erlangen." Jetzt werde ich dieses Buch mit großer Freude lesen und meditieren.

Frage: Die Welt hat ein so großes Bedürfnis nach Liebe, und Sie sind Zeuge. Sie zeigen die Liebe Gottes auf ausgezeichneter Weise; wie schaffen Sie das?

Mutter Teresa: Alles mit der Hilfe Jesu. Der Mensch muss von allem das Gute nehmen und sein Bestes geben, und bestrebt sein das Böse zu bekämpfen. Es gibt so viel Leid auf der Welt, so viel Böses, aber auch so viel Gutes. Hier ist eine Erfahrung aus meinem Leben:

Zwei junge Menschen kamen mit viel Geld zu mir und sagten:" Hier, Mutter Teresa, wir haben beschlossen, Ihnen so viel Geld zu geben, anstatt es für Hochzeiten, Kleidung und es für die Flitterwochen auszugeben." In Indien war es ein öffentlicher Skandal für ein Mitglied

Interview mit Mutter Teresa, Don Zef Gashi und Don Lush Gjergji (Zagreb 1986)

der höchsten Kaste, Geld für die Ärmsten auszugeben, daher fragte ich ihn: „warum tun Sie das?“ Und wissen Sie, wie sie mir diese Frage beatworteten.“ Wir lieben einander und möchten die Liebe zueinander teilen, die Liebe und die Freude mit den Menschen, denen Sie dienen.“ Viele Menschen kommen zu uns und wollen mit den Leprakranken zusammenarbeiten, mit denjenigen, die sterben, und gerade hier finden sie Gelassenheit, Ruhe und Glück – sie finden Gott.

Ich werde Ihnen ein weiteres Beispiel nennen: Ein Mädchen kam aus Paris zu mir. Als sie ankam, war sie sehr blass, ängstlich, geschlossen, depressiv, traurig. Sie studierte, aber sie hatte ihren Eltern vor Abschluss des Studiums gesagt, dass sie vor ihrem Abschluss zu Mutter Theresa nach Indien gehen wolle. Nachdem sie 10 Tage bei uns weilte, kam sie zu mir und sagte, dass sie in dieser Zeit mit sterbenden Menschen gearbeitet habe und in dieser Arbeit Jesus gefunden habe. Sie ging zur Beichte und nach circa 10-15 Jahren zur heiligen Kommunion. Die Arbeit bei uns hatte ihr Leben verändert. (+)[2]

2.Während der Übersetzung ins Deutsche, bis Seite 33, der Übersetzer und Mitglied des Albanischer Bund der Schriftsteller, Künstler & Kulturschafenden in Deutschland; Selajdin Gashi, ist verstorben. Die Übersetzung wurde von seinem Bruder, Arben Gashi, zu ende übersetzt.

Frage: Ich bin sehr beeindruckt von Ihrer Einfachheit! Was ist Ihr Geheimnis?

Mutter Teresa: Einfachheit ist der beste Weg zur Heiligkeit, weil Gott große Dinge für uns wie er es für Maria getan hat. Jesus lehrt uns: „Lerne von mir, dass ich demütig bin... Der Mensch muss ein einfaches und reines Herz haben, den Willen Gottes zu erkennen, dann ist alles einfacher."

Ich möchte Ihnen ein Buch überreichen, dass Ihnen zum 75-sten Lebensjahr gewidmet wurde. Daran haben 185 albanische Autoren aus verschiedenen Teilen Jugoslawiens und der Welt zusammengearbeitet.

Ich stellte ihr die Veröffentlichung „Die Blumen für die Mutter" vor. Sie blätterte mit besonderer Aufmerksamkeit in diesem Buch, erstaunt über die schönen Reproduktionen, Skulpturen.

Mutter Teresa: Oh, das ist ein sehr schönes, reiches, außergewöhnliches Buch, eine monumentale Arbeit. Ich danke Ihnen, meinem albanischen Volk und allen Mitarbeitern dieser Monografie von ganzen Herzen. Dieses Buch wird mir zweifellos helfen, Liebe und Frieden zu fördern. Auf diese Weise können wir gemeinsam die Kultur, die Zivilisation der Liebe und des Friedens aufbauen.

Wenn wir die Liebe leben, wenn wir alles für Jesus tun, wird unser Leben zum Dienst am Herrn und an unseren Brüdern werden.

Frage: Mir scheint es nicht einfach zu sein, die Kontemplation und ein spirituelles Leben in Einklang mit den Erfordernissen und Anforderungen des alltäglichen Daseins zu bringen. Wie schaffen Sie es das Spirituelle mit Ihrem täglichen Wirken zusammenzubringen?

Mutter Teresa: Mit unserer Liebe im Wirken, denn wenn wir glauben, dass alles, was wir tun, tun wir für Jesus, wie zum Beispiel jetzt, wenn ich mit Ihnen spreche, dann spreche ich mit Gott. Unsere Tätigkeiten und die Kontemplation, die Versenkung in Gott sind eins, sind nicht getrennt. Ich bin mit den Schwestern oder mit den Armen zusammen, weil sie mich brauchen, ich lebe 24 Stunden lang mit Jesus, für Jesus, weil ich ihm mein ganzes Wesen, mein Leben, meine Arbeit gewidmet habe...

Frage: Sie haben eine so große Erfahrung, nach so vielen Jahren des Dienstes und der Liebe gemacht. Was ist die Botschaft für unser Volk?

Mutter Teresa: Wenn Sie glücklich sein wollen, müssen sie ein Herz voller Liebe haben und diese Liebe tragen Sie in Ihre Arbeit hinein und leben sie in ihr

Heutzutage sind die Menschen sehr beschäftigt mit ihren eigenen Angelegenheiten, Sorgen, mit der Routine ihrer Arbeit und ihres Lebens, so dass sie keine Zeit mehr für sich selbst haben, geschweige denn für andere.

Jetzt werde ich Ihnen ein heiliges Bild geben, auf das ein Gebet geschrieben ist, eine Meditation, das in gewisser Weise zusammenfasst, was ich ihnen sagen wollte:

Wir müssen Jesus erlauben,
Licht zu spenden in uns und mit uns
In dem Licht der Liebe,
in der Wahrheit der Demut,
im Leben der Heiligkeit,
um ihm die Menge der Armen zu bringen
für die Erhebung der Kirche
und eine große Ehre für den Herrn!

Dann schrieb sie mit eigener Hand diese heilige Botschaft:

"Die Freude ist Gebet
Freude ist Kraft
Freude ist Liebe,
Gott liebt und gibt mit Freude!".

Mutter Teresa, M.C. (Zagreb, 18.07.1985, in Don Lush Gjergji, "Mutter der Liebe", DRITA, 2010, S. 207-210)

MUTTER TERESA MIT DEN "MISSIONEN DER LIEBE" IN BUDAPEST

Vom 16. bis 18. Juni 1989 war Mutter Teresa in Budapest, um dort „Das erste Haus der Barmherzigkeit“ für Ungarn zu gründen. Auch bei dieser Gelegenheit war ich dort, um sie zu verschiedenen Treffen mit den lokalen, politischen, religiösen und kulturellen Autoritäten des Landes zu begleiten. Am Eröffnungstag des Hauses in Budapest (17. VI.1989) hatte ich ein herzliches Gespräch mit ihr. Hier sind einige Fragen und Antworten.

Frage: Nach so vielen Jahren des Lebens und Opferns (am 27. August wird sie 79 Jahre alt), wie fühlen sie sich?

Mutter Teresa: Sehr gut. Ich habe keine Zeit, alt zu werden und zu sterben, sondern will nur dem Herrn durch die Arbeit am Nächsten dienen und den Menschen Liebe schenken, vor allem denLeidenden und Bedürftigen, in Liebe zu Jesus.

Frage: Wie lange wird es dauern (anhalten)?

Mutter Teresa: Solange es leidende Menschen gibt, die Hilfe bedürfen. Ich bin heute in Budapest, morgen werde ich in Moskau sein und so weiter. Ich überzeuge mich persönlich von dem Leiden der Menschen. Ich habe es selbst am eigenen Körper und im Herzen erlebt. Gott ist groß in seinen Werken.

Frage: Wie erleben Sie in Ihrer eigenen Gemeinde bei den Menschen den Wunsch nach Spiritualität und dem Streben Gott im Leben zu spüren?

Mutter Teresa: Glücklicherweise erreichen uns immer noch viele Anrufe aus der ganzen Welt. Die Jugend von heute ist durstig und hungrig nach Gott, nach Spiritualität und Gemeinschaft. Ich folge diesbezügliche dem Beispiel Jesu, der die Apostel eingeladen hat, sich ihm anzuschließen.

„Kommt und seht, ich habe nichts, ich verspreche euch nichts, ich gebe euch nichts und ich gebe euch doch alles, ich gebe mich selbst Gott hin und hoffe auf das ewige Leben.

Frage: Sie reisen viel in verschiedene Teile der Welt. Wie sehen und bewerten Sie die heutige Situation in der Welt?

Mutter Teresa: Heute ist sie sehr problembelastet, Missverhältnisse und Konflikte, wie im Libanon, in China, in Russland und, wie ich gehört habe, in Kosovo auch. Ich verstehe nicht genau, was dort passiert, Informationen habe ich nur durch Medien und Berichte, aber ich bete zu Gott, dass auf der ganzen Welt und auch bei meinem albanischen Volk Frieden herrscht, das seit Jahrhunderten so sehr gelitten hat. Deshalb beten ich und meine Schwestern zu unserem Herrn um Frieden. Überall dort, wo es Konflikte, Missverständnisse und Unruhen gibt, bete ich zu Gott, dass die Menschen zum Frieden finden und ihren Nächsten ohne Unterschied als Bruder und Schwester lieben.

Mutter Teresa mit Monsignore Nike Prela und Don Dodë Gjergj (unserem Bischof). (Bukarest 1990)

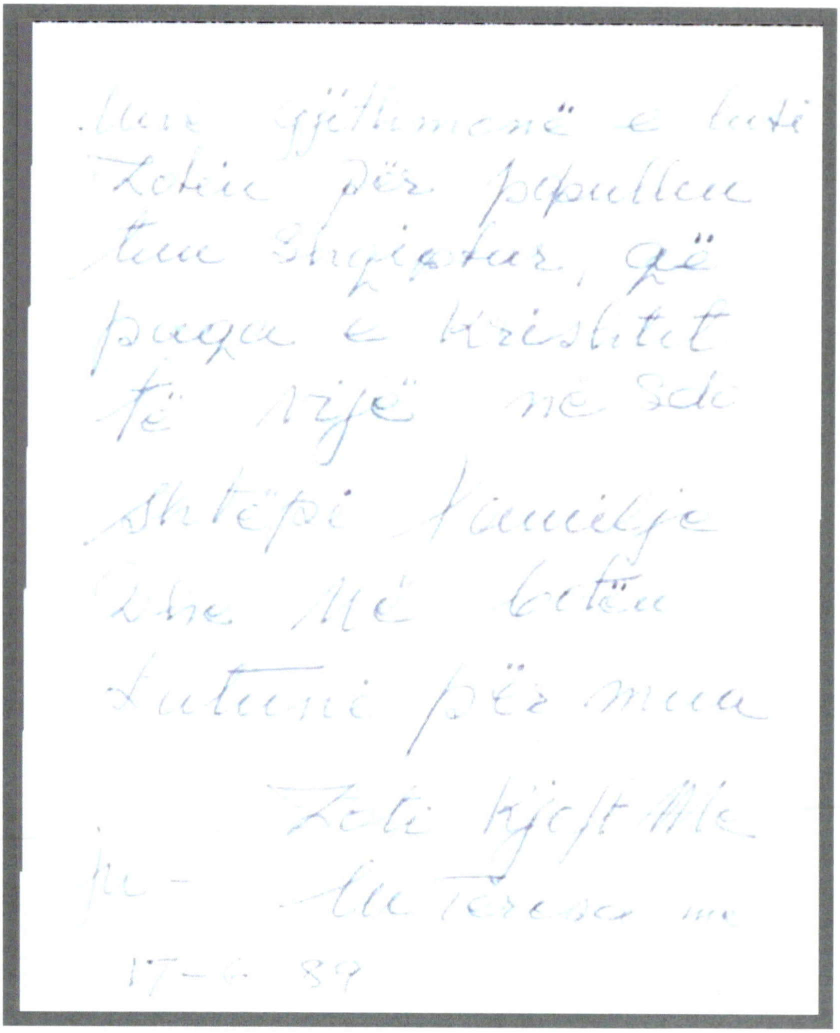
Une gjithmonë e luti
Zotin për popullin
tim Shqiptar, që
paqja e Krishtit
të hyjë në çdo
shtëpi familje
dhe në botën
Lutuni për mua
Zoti kjoft me
ju - M. Teresa mc
17-6-89

Ich bete immer zu Gott für mein albanisches Volk, damit der Frieden Christi in jedes Haus einzieht, in jede Familie und in der Welt. Betet Ihr alle dafür.

Gott möge mit euch sein!

Mutter Teresa, 17.06.89

Heute gibt es viele Probleme auf der Welt, zu viele Ungerechtigkeiten und Leiden, aber es gibt auch viele gute Taten. Die Welt ist in Bewegung und es gibt viele unschuldige Menschen, die leiden und mit Jesus Christus in der Erlösung vereint sind.

Frage: Die Welt, alle, ob Gläubige oder nicht, wie wir das in Budapest und anderswo gesehen haben, haben eine hohe Meinung von Ihnen und ihrer Liebe. Warum?

Mutter Teresa: Frage: Die Welt, alle, ob Gläubige oder nicht, wie wir das in Budapest und anderswo gesehen haben, haben eine hohe Meinung von Ihnen und ihrer Liebe. Warum?

Frage: Haben Sie eine Botschaft an unser albanisches Volk, das bis heute schwere Zeiten erlebt hat?

Mutter Teresa: Ja, ich trage mein albanisches Volk immer in meinem Herzen und bete zu Gott für Frieden und Fortschritt und für eine bessere Zukunft. Ich bete, dass das Gebet euch mit Gott und mit den Menschen und der ganzen Welt vereint. Ich möchte meine Schwestern so schnell wie möglich in unserer Diözese in Shkup (Skopje) und Pejë besuchen, damit wir wieder zusammen sein können.

Im Geiste bin ich immer bei euch. Es ist so schön bei euch zu sein, es ist das Wunder unseres Herrn, seiner Liebe, was uns verbindet (vereint). Ich möchte euch alle mit diesen Worten begrüßen: „Ich liebe euch, Gott liebt euch, Gott segnet euch!"

Dann nahm sie ihr Notizbuch und schrieb eigenhändig diese Botschaft mit ihrer Hand:

Mutter Teresa: Ich bete immer für mein albanisches Volk, dass der Friede Christi in jedes Haus einkehrt, in jeder Familie und auf der ganzen Welt herrscht. Gott sei mit euch!

(Budapest, 17.06.1989, aus Don Lush Gjergji, "Mutter der Liebe. DRITA, 2010, S. 210)

BESUCHE IN KOSOVO

DIE FÜNF BESUCHE VON MUTTER TERESA IN KOSOVO

ERSTER BESUCH

Das erste Mal war sie am 9. bis 12. Juli 1970 in Kosovo und besuchte die folgenden Orte: Prizren, Shkup (Skopje), Letnicë, Ferizaj, Gjakovë.

Unter den kirchlichen Persönlichkeiten dieser Zeit traf sie den Bischof Monsignore Joachim Herbut, den Bischof Monsignore Nikë Prela, begleitet durch Monsignore Nikollë Mini, zu dieser Zeit Pfarrer von Prizren und ihr Cousin.

Am Mittwoch, dem 8. Juni 1970, landete das Flugzeug "Alitalia" auf dem großen Flughafen von Belgrad. Unter den vielen Reisenden fiel eine Gestalt in weißer Kleidung auf, die nationale indische Kleidung, den Sari trug.... Mutter Teresa. Nachdem die Grenzformalitäten erledigt waren, begrüßten sie die Funktionäre der jugoslawischen „Rotkreuzbeamten" mit einem Strauß roter Nelken und hießen sie willkommen Vom Flughafen fuhr sie mit Vertretern des „Roten Kreuzes" zu einem Mittagessen in deren Zentrum. Nach dem Essen folgten offizielle Gespräche zwischen Mutter Teresa und den Beamten des Jugoslawischen „Roten Kreuzes." Anschließend besuchte Mutter Teresa mehrere Gesundheitszentren. Am nächsten Tag besuchte sie gemeinsam mit einem Pfarrer die Stadt Prizren und danach Shkup (Skopje), ihre Heimat, die sie vor 42 Jahren, mit einer Sehnsucht im Herzen Richtung Indien, verlassen hatte. Dort traf sie sich mit dem Monsignore, Dr. Joachim Herbut, Bischof der Diözese Shkup

Mutter Teresa mit Don Nikollë Mini, (Prizren 1979)

(Skopje) - Prizren, der diese edle Frau unseres Volkes freudig begrüßte und empfing.

Das Programm Mutter Teresas sah den Besuch des „Roten Kreuz Zentrums" der Republik Mazedoniens vor. Nach den Gesprächen, die sie mit den Vertretern dieses Amtes hatte und nach dem Besuch der humanitären Gesundheitseinrichtungen von Shkup (Skopje) und der Umgebung, ging sie nach Letnicë. Im Schatten" Unserer Lieben Heilige schwarze Madonna, wo sie einst den heiligen Ruf Gottes hörte, fiel sie vor dem Sakrament und der Statue unserer Heiliger schwarze Madonna auf die Knie. Indem sie sehnsüchtig auf das Gesicht sah, sagte sie: "Die Kleidung wurde gewechselt, ist aber wenig geeignet. Das Gesicht ist das gleiche geblieben!"

Nach der Messe in der Kirche von Letnicë, besuchte sie nach 42 Jahren den Pfarrer des Landes Dr. Emanuel Krajinović. Dann ging sie nach Ferizaj, um mit dem Bischof der Albaner im Kosovo, Monsignore Nikë Prela, zu sprechen. Anschließend kehrte sie nach Prizren zurück. Am Sonntag, dem 12. Juli, nach der Abendmesse, sprach Mutter Teresa zu den dort Anwesenden. Die Gemeindemitglieder hatten bereits in der Zeitschrift „Drita" über Mutter Teresa gelesen und konnten jetzt persönlich ihren Berichten und Erzählungen über ihre Aktivitäten in Indien lauschen.

Mutter Teresa besuchte außerdem die neue Kirche St. Nikola in Velezhë, nahe Prizren gelegen, wie auch Gjakovë um die Franziskanerkongregation und die Schwestern von „St. Krygja", die im dortigen Krankenhaus arbeiteten, zu sehen und mit ihnen zu sprechen. In Bishtazhin besichtigte sie den Bau der Kirche von „Heilige Rruzare" und wurde herzlich vom Priester der Gemeinde, Herrn Milorad Defar, empfangen.

Als wir aus Letnicë zurückkehrten, begegneten wir 12 Pastoren der Pfarrei Stubëll, die zu der Zeit außerhalb ihrer Pfarrei arbeiteten. Da es Samstagnachmittag war, kehrten sie nach Hause zurück. Als sie den ihnen bekannten Peugeot des Pfarrers aus Prizren bemerkten, hielten sie inne, um ihn zu begrüßen. Dabei fiel ihnen eine Schwester im weißen Sari auf. Überrascht und mit weit aufgerissenen Augen riefen sie laut aus: „Herr, ist das nicht Mutter Teresa!? Wir haben doch ihr Bild in der Zeitung „Drita" gesehen!" Sie küssten hochachtungsvoll ihre Hand und verbrachten einige Zeit mit ihr im Gespräch auf der Straße zwischen Viti und Letnicë. Sie äußerten den Wunsch, dass Mutter Teresa für weitere Gespräche nach Stubëll zurückkehren möge. Das war aus Zeitmangel leider nicht möglich und sie teilten uns übereinstimmend mit, dass sie den Wagen auf den Armen tragend nach Stubëll zurückbringen würden.

Derartiges ist uns nur in Stubëll geschehen. In Gjakovë versammelten sich sofort eine große Anzahl von Kindern, Frauen und Männer, umringten Mutter Teresa, küssten ihre Hand und alle wollten bei ihr bleiben. Ähnlich war es in Prizren und in Bishtazhin.

Mutter Teresa kam zu uns und verließ uns bald wieder. Die Tochter der Nation, die wir sehr verehren, musste zurück zu ihren Aufgaben. Sie eröffnete ein weiteres Haus wieder für diejenigen, die es am dringendsten brauchten, die nicht von der menschlichen Gesellschaft geliebt werden, sondern von Gott durch Mutter Teresa geliebt werden. Mutter Teresa fühlte sich von Gott nach Amman, nach Jordanien gerufen wo unschuldiges Blut vergossen wird, dort unter den Zelten der Flüchtlinge aus Palästina, dort wird am Tag Unserer Lieben Frau von Karma, am 16. Juli ein Haus der Güte und Liebe geöffnet werden. „Mutter Teresa, wir wünschen die Gnade Gottes, seine Hilfe und versprechen unseren Segen."

Mons. Nikollë Mini

("Drita", Viti I. (1970), Nr. 6. S. 4-5)

ZWEITER BESUCH

Der zweite Besuch fand am 28.- 30. März 1978 statt. Sie besuchte: Shkup (Skopje), Ferizaj, Prizren, Letnicë. Auch diesmal hatte sie viele Treffen mit dem Volk (mit den Menschen).

Messe mit den Menschen und den Geistlichen in der Baracke in "Bit Pazar" in Shkup (Skopje): Grußworte von Monsignore Joachim Herbut und Monsignore Nikë Prela:

Mutter Teresas Rede, Mutter Teresas

Gespräch mit dem Fernsehen von Shkup (Skopje);

Eindrücke nach dem Treffen mit Mutter Teresa.

(Lesen Sie mehr, Dr. Don Lush Gjergji, v. e cit. f. 235-249).

Die Rede von Mutter Teresa in Shkup (Skopje)

1. Diese Jahre waren ziemlich fruchtbar.

"Gott liebte die Welt so sehr, dass er seinen Sohn durch die Heilige Jungfrau gab, um unser Licht, unser Leben, unser Weg und unsere Liebe zu sein. Heute sind wir hier zusammen, um Gott für diese fünfzig Jahre zu danken, seit ich Shkup (Skopje) verlassen habe.

Diese Jahre waren ziemlich fruchtbar und wenn ich mein Leben neu beginnen müsste, würde ich wieder von Shkup (Skopje) gehen, um den gleichen Weg einzuschlagen. In Ihrer Mitte befinden sich sicherlich nur sehr wenige Menschen, die ich aus dieser Zeit kenne, aber es spielt keine Rolle. Wichtig ist, dass wir heute gemeinsam hier sind, wir werden zusammen beten, wir werden Gott für seine große Gnade danken, damit ich weiter den Bedürftigsten auf der ganzen Welt dienen kann.

Mutter Teresa in „Bit Pazar“ von Shkup (1978)

Mutter Teresa und Don Gasper Gjinin (Shkup 1980)

2. Wir zeigen den Bedürftigen, dass Gott sie liebt durch uns und unsere Arbeit für sie

Unsere Kongregation wird, wie Sie wissen, "Missionar der Nächstenliebe" genannt, Träger der Lebe Gottes. Wir haben auch Häuser für Sterbende. Wir haben mehr als 46.000 Menschen, die an Lepra leiden. Meine Schwestern und ich kümmern uns gemeinsam um sie, wir lieben sie, wir reinigen ihre Wunden, weil Jesus Christus sagte: Ich hatte Hunger, ich war krank, ich war obdachlos und du hast mir das alles gegeben. Wir haben ein Bedürfnis Gott zu dienen und nach Selbstaufgabe, wir finden Kraft in unserem Herzen durch die heilige Kommunion Unseren Kongregationstag beginnen wir mit der heiligen Messe und der heiligen Kommunion: dann widmen wir uns den Leprakranken und den Sterbenden. Die Liebe Gottes wird vielleicht spürbar für die Leidenden durch unsere mitfühlende Tätigkeit für sie.

Was gibt den Schwestern diese Kraft?? Dabei geht es nicht nur um einen Tag, nicht nur um ein Jahr, sie widmen ihr ganzes Leben dieser Aufgabe denjenigen in Liebe zugetan, die vergessen haben, was Liebe und was Glück ist. Wir haben heute mehr als 1450 Schwestern. Unter ihnen befinden sich nicht viele aus unserer Gegend, und gerade deshalb hoffe ich, dass unsere Familien, und vor allem unsere Mütter, die das Herz der Familien sind, Gott um die Berufung eines Kindes bitten um Messdiener oder Schwester zu werden. Das ist das größte Geschenk, was einer Familie zuteilwerden kann.

3. Ich habe wie ein Tier auf der Straße gelebt, aber werde als Engel sterben

Wer sind jene Menschen, denen wir dienen? Wir nehmen in unsere Häuser jene Menschen auf, die dem Tod nahestehen und sich allein auf den Straßen befinden. Einst begegneten wir einem Sterbenden auf der Straße und brachten ihn in unser Haus und er sprach zu uns: „Ich lebte wie ein Tier auf der Straße, aber ich werde sterben wie ein Engel, geliebt und geachtet." Unsere Schwestern arbeiten auch nachts, um kranke und hungrige Menschen zu betreuen, nicht nur in Indien, in Afrika, in Australien, in Europa, sondern überall.

4. Ein Wort, nur ein Wort sagte er: „Danke." Und starb.

Einen Abend verließen die Schwestern das Haus, um nach Hilflosen und Bedürftigen auf den Straßen zu sehen. Sie begegneten 4 schwerkranken Menschen und brachten sie ins Haus. Einer der Kranken war voller Wunden und Würmer. Ich habe die Wunden gereinigt und versorgt und die Kranke ins Bett gebracht. Sie ergriff meine Hand und ihr Gesicht strahlte vor Freude und durch dieses wunderbare Lächeln wirkte sie wie ein Engel. Sie sagte nur ein einziges Wort „Danke" und verstarb. Diese kranke Frau, extrem arm, gab mir mehr als ich ihr geben konnte. Sie gab mir ihre dankbare Liebe. In diesen Momenten stellte ich mir die Frage wie ich an ihrer Stelle reagiert und was ich gesagt hätte...vermutlich etwas wie, dass ich Hunger hätte oder Ähnliches, um Mitleid zu erregen. Sie hat mir viel mehr gegeben als ein Gefühl von Mitleid.

5. Ich fürchte, wenn ich das Brot aufesse, dass ich wieder hungrig sein werde.

Vor ein paar Tagen haben wir ein kleines 7- jähriges Kind auf der Straße gefunden und brachten ihm ein Stück Brot: wir geben unseren armen Kindern jeden Tag ein Stück Brot und Milch. Jenes Mädchen hielt das Brot in den Händen und aß langsam, ganz langsam. Ich fragte sie, warumsie das Brot nicht schneller esse, sie sei doch hungrig, gestern habe sie überhaupt nicht gegessen, auch heute kaum etwas gegessen. Dieses kleine Mädchen antwortete mir: „Ich fürchte, wenn ich es aufesse, werde ich wieder hungrig sein." Sie können das nicht verstehen! Sie glauben nicht, dass Menschen vor Hunger sterben. Auch das Wenige, was wir haben, teilen wir mit den Armen.

6. Wisst ihr wer eure Armen sind?

Man kann nicht nur an Hunger sterben, man kann auch an Einsamkeit sterben, ungeliebt und allein, weil niemand da ist, mit dem man sprechen kann und der das Gefühl vermittelt geliebt zu werden. Solche Fälle können sie auch in der eigenen Familie antreffen.

Mutter Teresa mit Don Gasper Gjini (Shkup, 1980)

Die Menschen sind heutzutage so beschäftigt, dass sie keine Zeit haben einander tatsächlich zu sehen, miteinander zu lachen und einander zu helfen. Daher unser Bedürfnis nach dem Glauben muss wieder in unsere Häuser einkehren. Familien, die nicht beten, können nicht wahrhaftig miteinander leben.

7. Die Familie, die nicht betet… kann nicht leben

Deshalb ist die Arbeit unserer Schwestern, was wir tun, ist nichts anderes als die Frucht des Glaubens, unsere Vereinigung mit Christus in der Eucharistie, in der heiligen Kommunion. Gerade deshalb halten wir jeden Tag, an dem wir hart arbeiten mit Leprakranken, bedürftigen Kindern, Sterbenden und Armen, eine Gebetsstunde ab. Dieses Gebet ist die größte Gabe der Gemeinde, der Missionare der Nächstenliebe. Daraus schöpfen wir unsere Kraft, auch die jungen Schwestern, die täglich schwere Arbeit leisten. Sie sind zufrieden mit der Arbeit, die sie tun. Gedenkt unser in Euren Gebeten.

8. Sie weiß, dass sie hungrig sind

Eines Tages kam ein Herr und sagte: Dort gibt es ein Haus mit acht hinduistischen Kindern, sie haben seit einigen Tagen nichts zu essen gehabt, gehen Sie bitte zu ihnen. Ich nahm Reis mit und besuchte die Kinder. Als ich dort ankam, sah ich acht Kinder, deren Augen vor Hunger fiebrig glänzten. Ihre Mutter nahm dann den Reis, teilte ihn in zwei Teile und verließ das Haus. Als sie zurückkam, fragte ich sie, wo sie gewesen sei. Sie teilte mir mit, dass sie bei einer muslimischen Familie war, die hungrig seien und mit ihnen geteilt hätte. Es überraschte mich, dass sie das wenige Essen mit ihnen teilte, aber sie wusste eben, wie es sich anfühlte Hunger zu haben. Kennt Ihr eure Armen? Wir haben in unseren Häusern auch Arme, Menschen, die einsam sind oder in Kellern leben. Wisst Ihr das? Als ich in Zagreb war, haben mir viele Menschen gesagt, dass es hier auch Arme gibt, aber so sind sie? Ich möchte sie sehen und umarmen, ihnen zeigen, dass ich sie liebe!

Also ging ich mit Jemandem zu einer Frau in den Keller. Was habe ich dort gesehen? Die gleiche Armut wie in London. Die Armut gibt es auchhier. Wisst ihr das? Kennt Ihr eure Armen und liebt Ihr sie? Wenn Ihr sienicht kennt, könnt Ihr sie nicht lieben! Wenn Ihr sie nicht liebt, könnt Ihrihnen nicht dienen, wenn Ihr sie lieben möchtet, fangt bei zuhause in eurereigenen Familie an und der liebende Gott wird euch helfen, damit ihr seineLiebe seid, sein Leben und seine Barmherzigkeit.

9. Ihr habt Gott in mein Leben gebracht, lass den Messdiener kommen

An einem Tag fanden die Schwestern einen Mann, der im Keller lebte. Er war einsam, er lebte in einer sehr großen Stadt. Sie gingen zu ihm, wuschen und säuberten ihn, er war ganz verdreckt. Er sprach nicht zu ihnen. Er wurde mehrfach von Schwestern versorgt. Da sagte er: „Ihr habt den Herrn in mein Leben gebracht, lasst den Priester kommen." Die Schwestern haben den Priester gerufen und ihn zu ihm gebracht. Er beichtete nach 60 Jahren seines Lebens und dann starb er am darauffolgenden Tag. Seht wie der liebende Gott wirkt, seine Gnade kommt zu allen Armen. Deshalb betet für uns, damit wir das Werk Gottes weitergeben können an viele Schwestern aus aller Welt. Wir erhalten viele Anrufe aus aller Welt, junge Menschen wünschen sich ein Leben in Selbstlosigkeit.

10. Wenn Sie morgen auf Mission gehen wollen, fangen Sie zu Hause an

Ihr Jungen und Mädchen, die Ihr nicht nur nach Indien, sondern in die ganze Welt gehen möchtet, startet eure Mission zuerst zu Hause und dann weltweit.

Ich wünsche mir für Sie, dass Sie nach Heiligkeit streben! Jesus sagt, das Streben nach Heiligkeit sei unsere Pflicht, den Weg zu Gott zu gehen, ihm nachzueifern und ihm zu folgen. Wenn wir einander lieben, ist das lebendige Heiligkeit. Auf diese Weise können wir wie die Liebe Gottes sein, seine Barmherzigkeit umfasst die ganze Welt. Gelobt sei Jesus!

(Von Dr. Lush GJERGJI, Unsere Mutter Teresa / 240-245)

DER DRITTE BESUCH

Das dritte Mal verweilte sie vom 26. bis 29. Juni 1980 in Shkup (Skopje) Sie wurde zur "Ehrenbürgerin" von Shkup (Skopje) ernannt und hatte viele Treffen mit Vertretern des öffentlichen Lebens., unter anderem mit

dem Bürgermeister von Shkup (Skopje), Metodi Antonov, dem Vizepräsidenten der EG, der Sozialistischen Republik Mazedonien, Vasil Tugjarov. Sie besuchte das Grab ihres Vaters Kolë Bojaxhiu; das Waisenhaus in Shkup (Skopje) und traf sich mit Journalisten.

Am 27. Juli 1980 besuchte sie die Messe und Gemeinde in Binçë, sie war während der Rede von Monsignore Joachim Herbut und Monsignore Nike Prela dabei, die über den Besuch Mutter Teresas in Letnicë und ihre Ansprache an die Gemeinde, berichteten.

Am 28. Juli 1980 hatte Mutter Teresa in Prishtina ein Treffen im Exekutivrat der Autonomen Provinz Kosovo, mit Präsident Bahri Oruçi, Vizepräsident Pajazit Nushi und seinen Mitarbeitern und am 29. Juli 1980 verließ sie Kosovo.

(Lesen Sie mehr: Dr. Lush Gjergji, v. e citat. S. 249-279).

Mutter Teresa mit Don Zef Gashi (Prishtinë, 1980)

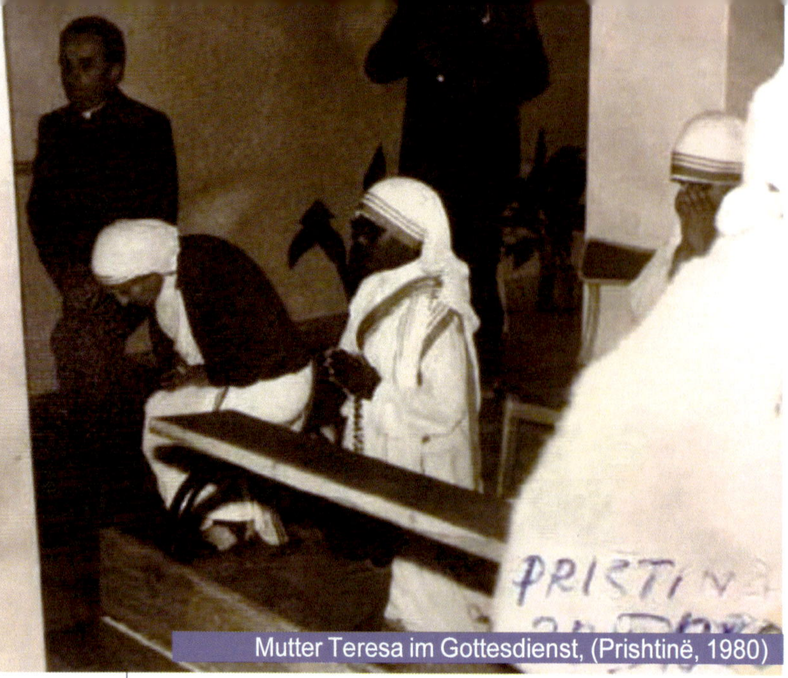

Mutter Teresa im Gottesdienst, (Prishtinë, 1980)

Rede von Mutter Teresa vor dem Bürgermeister von Shkup (Skopje), Metodi Antonov

"Ich danke Ihnen für Alles von ganzem Herzen. Ich freue mich sehr, nach 52 Jahren wieder in meinem Shkup (Skopje) zu sein. Obwohl sich Shkup (Skopje) seit damals fast vollständig verändert hat, ist Shkup (Skopje) für mich der Ort geblieben, wo ich meine Kindheit im Herzen meiner Familie verbracht habe. Es waren sehr schöne Tage. Durch meine Arbeit kann ich in Dankbarkeit die Liebe zurückgeben, die mir hier geschenkt wurde. Vier unserer Schwestern sind bemüht, die Wärme und Freundlichkeit an die Menschen zurückzugeben, so wie ich sie in Kindertagen erhalten habe. Wir haben den Armen nicht viel zu geben, aber was wir haben, werden wir mit ganzem Herzen geben, uns selbst und unser Leben. In Oslo sprach ich darüber, dass die Taten der Liebe, Taten des Friedens sind. Es ist nicht wichtig wie viel wir arbeiten, aber wie wir anderen unsere Liebe zeigen, das ist sehr wichtig. Ich hoffe und bin überzeugt, dass wir

Mutter Teresa am Flughafen Shkup (1980)

Mutter Teresa mit dem Komponisten Lorenz Antoni, (Prishtinë 1980)

Mutter Teresa beim Kosovo-Exekutivrat mit Bahri Oruqi (Prishtinë 1980)

alle zusammen der Stadt Shkup (Skopje) unsere Liebe bringen werden, die Barmherzigkeit und den Frieden zwischen den Menschen. Die Liebe beginnt bei uns selbst und in der eigenen Familie und kann dann auch an andere weitergegeben werden. Christus hat gesagt: Liebt einander – so wie ich euch geliebt habe. Wir sind hierhergekommen im Namen dieser Liebe um Zeugnis abzulegen und um die Liebe zu leben... Gott möge euch segnen!" (Dr. Lush Gjergji v. e citat S. 253-254)

Mutter Teresas Rede unter Waisenkindern in Shkup (Skopje)

"Ich habe Shkup (Skopje) vor 52 Jahren verlassen und bin nach Indien gegangen. Dort leben viele Kinder. Die Kinder sind lieb und gut so wie ihr. Ich bin sehr zufrieden, wenn ich sehe, wie viele Menschen hier sich um euch kümmern, sich um euren Wachstum, um Bildung und Erziehung kümmern. Ihr solltet dem lieben Gott für alles danken, was ihr habt, diese Liebe, diese Fürsorge und die Freude... Gott hat euch und der Gesellschaft das alles gegeben, ihr solltet dabei nicht vergessen, dass viele Kinder heute noch an Hunger sterben. Denkt an diese Kinder, die niemand und nichts haben. Kinder in vielen Ländern der Welt, in Afrika, in Asien, leiden schrecklich... Ein vierjähriges Kind dort hatte gehört, dass ich keinen Zucker mehr für die Kinder hätte. Es sagte seinen Eltern, dass es auf den Zucker verzichten möchte, damit ich diesen Zucker für die bedürftigen Kinder nehmen könne. Vier Tage später kam es mit seinen Eltern zu uns und brachte den Zucker für unsere Kinder.

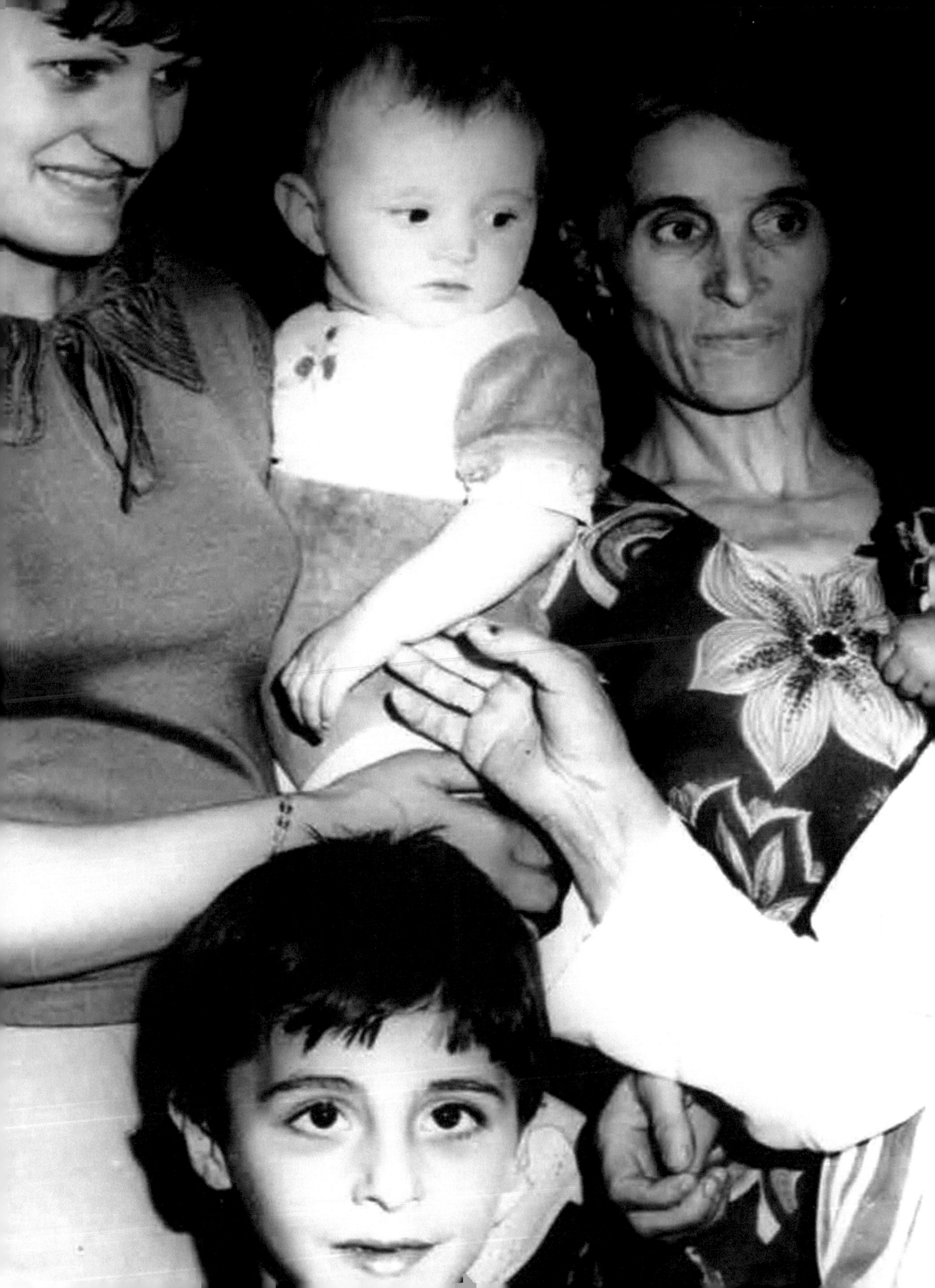

Mutter Teresa in Gesellschaft von Müttern und Kindern, (Shkup, 1980)

Oft finden wir verlassene Kinder auf der Straße, die ohne Hilfe an Hunger sterben. Wir nehmen sie in unseren Häusern auf, wir versorgen sie wir bilden sie aus und bereiten sie auf das Leben vor. Unsere Schwestern kümmern sich intensiv um diese Kinder... Wenn ihr erwachsen werdet, vergesst nie, was ihr von anderen erhalten haben. Was andere für euch tun solltet ihr später für die anderen tun. Dies ist die Liebe Gottes, dass wir einander lieben." (Von Dr. Don Lush Gjergji, v. e. Zitat, Seite 257)

Mutter Teresas Rede in Shkup (Skopje) (nach der Messe)

"Wir werden unsere himmlische Mutter bitten, uns ihr Herz zu schenken, so rein, so selig, so schön, voller Liebe und Demut. Damit auch wir, so wie sie, im Herzen Jesus empfangen und durch ihn die Liebe weitergeben können. Wir alle wissen, dass Gott die Liebe ist, der euch liebt, der mich liebt und alle wie seine Gleichnisse deutlich zeigen. In einem Leprakranken, in einem mental gestörten Menschen, in einem auf der Straße an Hunger Sterbenden sehe ich meinen Bruder und meine Schwester und letztendlich Gott selbst. Es ist nicht wichtig was wir an Materiellem auf der Welt erreicht und geschaffen haben, sondern was wir für die Armen, die Hungrigen und die Vernachlässigten getan haben, für Menschen, die aus der Gesellschaft ausgeschlossen sind, wie die Leprakranken und andere, die nicht geliebt werden und elendig sind, die keine Freude und kein Glück kennen. Vor Gott müssen wir eingestehen, ob wir die Trauer, das Wehklagen anderer nicht gehört haben, weil wir taub und blind für ihre Bedürftigkeit waren.

Gott spricht zu uns, was ihr für die Geringsten tut, habt ihr für mich getan. Wir Brüder und Schwestern, die den ganzen Tag für die Elenden da sind, sind keine Sozialarbeiter, wir sind bei ihnen mit dem Herzen, mit Christus.

Nun sind unsere Schwestern hierhergekommen, wir tun nichts Besonderes oder Außergewöhnliches, wir arbeiten nur voller Liebe. Wir können nur einen kleinen Teil dazu beitragen etwas für Gott und mit seiner Hilfe zu tun. Ich besitze weder Gold noch Silber, wie St. Petrus sagte, aber was ich habe, gebe ich euch vom ganzen Herzen. Meine Schwestern sind ein

Geschenk an Shkup (Skopje)...Ich hoffe, dass ihr alle den Schwestern helfen werdet, nicht mit Geld, oder materiellen Dingen, sondern vielmehr mit dem Herzen und eurem Segen und dem Glauben könnt ihr sie unterstützen... Unsere Schwestern geben sich selbst und mit ganzem Herzen, sie tun nichts Besonderes, aber was sie tun, tun sie mit Liebe zu Christus und zu seinen Werken.

Wie liebe ich Christus? In den Leprakranken, in denen, die auf den Straßen sterben. Wie könnt ihr Christus lieben? Beginnt in eurer Familie... Heute liebt Gott die Welt so wie er sie geschaffen hat wie er seinen Sohn Jesus Christus für die Sünden der Welt gegeben hat. Heute liebt er die Welt durch uns, er gibt uns alle die Möglichkeit durch die Liebe, die Güte und unser Leben für ihn zu wirken. Dafür bitten wir euch unseren Schwestern zu helfen. Sie sind jung und besitzlos, aber sie haben ein Herz voller Liebe und deshalb sind sie zu euch gekommen, damit sie mit eurer Hilfe den Bedürftigen dienen. Vor ein paar Tagen habe ich mit einem kurzen Brief fünf Dollar verdient. Es war ein Geschenk eines völlig gelähmten, unbeweglichen Mannes. Nur eine Hand konnte er noch ein wenig gebrauchen. Das einzige Vergnügen, was ihm noch geblieben ist, findet er im Rauchen. Was hat dieser Mann getan? Er opferte seine einzige Freude und hat eine Woche lang nicht geraucht, und dieses Geld hat er mir für die Armen geschickt. Das zeugt von großer Liebe. Der Geldbetrag ist gering, aber die Liebe ist groß. Das erwarte ich auch von euch.
Lasst niemanden alleine in Einsamkeit in Shkup (Skopje) sterben.
Vielleicht treffen unsere Schwestern auf Hilfsbedürftige, die ihr nicht kennst. Vielleicht gibt es hier keine hungrigen Menschen, wie wir sie in Indien haben. Aber sicherlich gibt es auch hier, wie überall, einsame, vergessene, kranke Menschen, von denen vielleicht niemand etwas wissen möchte und um die sich niemand kümmert. Vielleicht leben hier keine Menschen in Kellern, aber meine Schwestern haben mir berichtet, dass es in Zagreb auch Menschen gibt, die ein schwieriges Leben führen.

Kennt ihr bedürftige Menschen, und wenn ja, was habt ihr für sie getan? Helft unseren Schwestern, seid aufmerksam für das Elend anderer und lasst die Schwestern wissen wo sie zu finden sind, damit ihnen geholfen werden kann. Wir werden sie versorgen, ihnen helfen und in Liebe zugetan sein.

Unsere Schwestern haben einen Mann in einem kleinen Raum gefunden, sie versorgten ihn, obwohl er nicht einmal mit ihnen sprach. Am zweiten Tag sagte er zu ihnen, dass sie Gott in sein Leben gebracht hätten und dass er einen Priester sehen möchte. Die Schwestern erfüllten seinen Wunsch und er legte nach 60 Jahren die Beichte ab und verstarb am folgenden Tag. Erkennt ihr Gottes Barmherzigkeit? Gott ist zu ihm durch die Schwestern gekommen, durch den Priester. Die geringe Arbeit der Schwestern hat Gottes Größe in sein Leben gebracht.

Die Schwestern sind vorerst im Haus des Bischofs untergebracht, aber ich hoffe, wir werden bald unser eigenes Haus haben. Informieren Sie die Schwestern über solche Menschen, und wenn die Schwestern keine Möglichkeit haben zu helfen, geht hin und helft diesen Menschen. Bitte fasst auch ihr den Entschluss wie wir am Tage unserer Ankunft hier In Shkup (Skopje) werden wir nicht erlauben, dass jemand in Einsamkeit ohne Gott stirbt, denn aufgehoben in Gottes Liebe kann der Mensch in Frieden sterben. Der Tod ist nichts anderes als das Eintreten in das Haus Gottes. Der Tod ist nur die Rückkehr zu Gott...

Ich bitte euch die Armut unserer Schwestern zu respektieren und zu bewahren, nur so können wir die Armen verstehen. Armut ist für unsere Kraft, unsere Freude, unsere Freiheit. Ich bete für euch und eure Familien, möge es sein wie in Nazareth, wo Liebe, Reinheit und Glaube herrschen werden" (Dr. Lush Gjergji, v. Cit., S. 263-265)

Mutter Teresas Rede an die Schwestern im Ort Binçë

Lasst uns zur heiligen Jungfrau beten, ihr unsere Herzen in Liebe und Demut anvertrauen, dass auch wir unser Leben Jesus Christus geben, um ihm und den Armen in Liebe zu dienen.

1. Wir sind die Verlobten von Christus

Wir sind die Verlobten Christi und wir sind gewiss, dass er tatsächlich unser Verlobter ist. Daher fühlen wir uns ihm untrennbar verbunden. Das

Mutter Teresa zusammen mit den Ordensschwestern (Binçë 1980)

ist unsere Berufung, wir haben seinen Ruf in unserem Inneren gehört und nichts kann uns von ihm trennen. In dieser Hinsicht gleichen wir dem Heiligen Paulus und folgen Jesus ohne Zweifel. Und das ist nicht nur unsere Berufung, sondern auch die des Bischofs und des Papstes...Er erwählte uns und wir müssen dessen überzeugt sein, dass uns nichts von ihm trennen wird.

2. Nichts kann uns von der Liebe Christi trennen.

Daher wird der Dienst, den die Kirche uns anvertraut die tätige Liebe sein, die Christus von uns erwartet, weil wir Christus angehören wie auch der Kirche, die uns Rückhalt gibt. Aber wie können wir Christus lieben? Wie liebt eine Frau ihren Ehemann? Wenn ich mit meinen Schwestern über geistige Reinheit spreche, werde ich immer an die Kroneder Ehe erinnert, die auch so unauflöslich ist, dass nichts die Verbindungzwischen Ehemann und Ehefrau zerstören kann. Dem entspricht unser Sein, nichts kann die Liebe zu Christus antasten, wir sind untrennbar mit

Mutter Teresa zusammen mit den Menschen. (Binçë 1980)

ihm verbunden. Mancher mag sich die Frage stellen, wie es mögliche ist, dass Priester wie auch Schwester ihren Orden verlassen und das Zölibat aufgeben, um weltlich zu heiraten? Die Ehe, die zwei Menschen vor Gott schließen, dagegen unauflösbar ist.

Und diese Frage ist berechtigt. Die vor Gott geschlossene Ehe und die damit einhergehende unzerbrechliche eheliche Bindung ist vergleichbar mit unserem geistigen Bund mit Jesus. Er gibt uns seinen Leib als das Brot und die Kraft, so dass wir ihm treu und verbunden bleiben. Nicht nur im Wort und der Schrift bewahren wir ihm unsere Treue, sondern in der täglichen tätigen Liebe. Die Bedingung der Reinheit bedeutet nicht, dass ein alleiniger einen Anspruch auf die eheliche Krone besteht, sonderndass eine leidenschaftliche Liebe zu Christus besteht, unzerbrechlich und unzerstörbar. Dies ist die Bedingung der Reinheit. Dies ist unsere Bindung an Gott, dem wir unser Leben gewidmet haben.

3. Armut ist sehr notwendig

Wir alle haben uns zu Armut verpflichtet, die uns die Freiheit gibt, unsere ganze Kraft der Liebe zu Jesus zu widmen. Für unsere Kongregation ist die

Armut sehr wichtig, denn sonst würden wir die Armen nicht verstehen. Wir haben uns für die Armut entschieden, sie ist selbst gewählt, diese Möglichkeit haben die armen Menschen nicht. Die Armut ist für uns eine Freude, sie ist unsere Freiheit und unsere Kraft. Unsere Stärke und unsere Freiheit liegen in der geistigen Verbindung zu Jesus.*

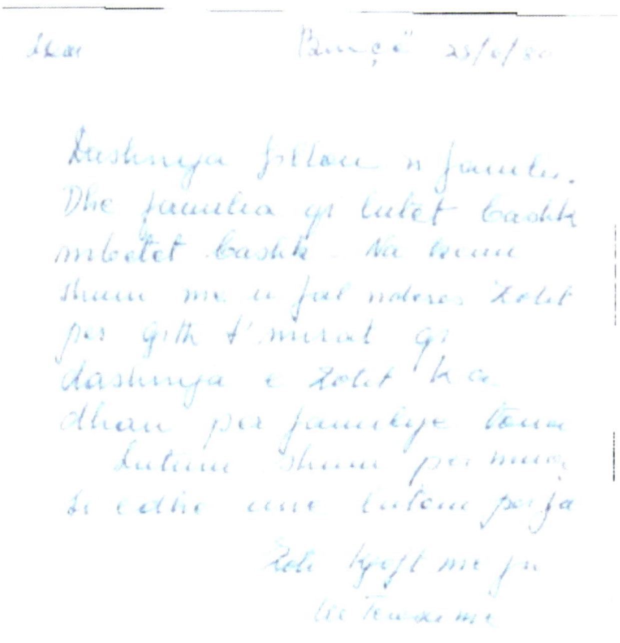
Binçë 25/6/80

Dashunija fillon n familje. Dhe familja qi lutet bashkë mbetet bashkë. Na kemi shumë me u fal nderes Zotit per gjith t'mirat qi dashunija e Zotit ka dhanë per familje tonë. Lutemi shumë per num si edhe ene lutem per ja.

Zoti kjoft me ju

M. Teresa mc

Handschriftliches Zeugnis im Original von Mutter Teresa (Binçë 1980)

4. Christus hat das Recht, durch mich zu wirken – Gehorsam

Wenn wir den Begriff der Reinheit in diesem Zusammenhang vollständig begreifen, gehört der Gehorsam als etwas Selbstverständliches dazu. Das bedeutet, wenn ich ganz Christus gehöre, wenn Christus alles für mich ist, dann gehört meine Seele und mein ganzes Dasein ihm, daher ist der Gehorsam damit untrennbar verbunden. Das verstehen wir am Beispiel Marias, sie hat, wie es im Evangelium dargestellt ist, mit Gott durch seinen Engel gesprochen. Sie wurde nicht nach ihrer Bereitschaft gefragt, sondern Gott offenbarte ihr seinen Willen aus Liebe zu den Menschen. Der Mensch dient der Liebe Gottes als Werkzeug und Ausdruck seines Willens.

Das Kommen von Mutter Teresa nach Binçë (1980)

Wir können das Wort Gottes durch Engel, durch Heilige oder nicht Heilige vernehmen, sein Wille ist unser Gesetz, wo und wie auch immer wir ihn spüren. Es mag sein, dass wir nicht immer alles verstehen, aber wir gehen nicht fehl ihm zuzuhören und unser Bestes zu geben. Möglicherweise, so sagte zu den Schwestern, habe ich mich ja geirrt, euch gerade hierhin einberufen zu haben, aber ihr habt nicht gefehlt, dem Ruf gefolgt zu sein, denn hier ist euer Platz. Wenn ihr zuhört und ihr wahre Missionarinnen seid, werdet ihr nicht fehlen. Daher ist die Hörigkeit, das bedingungslose Folgen, etwas Lebendiges, auch wenn wir zurzeit Schwierigkeiten haben neue Ordensfrauen zu gewinnen. Es fehlt an der Bereitschaft zur Hörigkeit und Selbstaufgabe. Durch den Mangel an Hingabe leidet auch die Reinheit, wir verspüren eine Leere, die darauf wartet, inhaltlich gefüllt zu werden, dass die Einsamkeit endet und wir uns in unserem Leben aufgehoben fühlen.

5. Dankbarkeit ist für mich nur das Kreuz

Gehorsam, Hingabe ist also daher unsere Stärke, unser Licht und unser Weg zu Christus. Wir haben uns verpflichtet den Armen großzügig und freigiebig gegenüber zu sein, das ist unser Weg zum Licht. Wir besitzen nichts und arbeiten unentgeltlich. Ich sage Ihnen, dass diese mir erteilten Anerkennungen der Welt für mich ein großes Kreuz sind. Ich akzeptiere es mit Hingabe. Weltliche Anerkennung hat in unserem Leben ansonsten keine Bedeutung, sie ist für uns keine Lobpreisung Jesus. Jesus sagte, dass die Taten der Menschen Gott verherrlichen. Hingabe und Demut, nichts weiter, das ist die Wahrheit.

6. Wir sind zur Ordensgemeinschaft gekommen, um geweiht zu werden.

Wir Schwestern verhalten uns nicht gemäß den Vorgaben gewisser Berufe, wir sind weder Sozialarbeiter noch Lehrer noch Krankenschwestern, sondern einzig und allein die Verlobten Jesu Christus und begegnen den Menschen in Liebe mit und durch ihn. Alles was wir tun, tun wir in Liebe zu ihm und wird uns dem ewigen Leben näherbringen. Aus diesem Grund sind wir

Teil der Ordensgemeinschaft geworden. Wir streben nicht nach weltlichen Dingen, sondern nach Erlösung in Ewigkeit, Erlösung ist für uns nichts Außergewöhnliches, sondern etwas Greifbares und Erreichbares indem wir Gott folgen und unser Wirken in den Dienst der Kirche stellen. Wir streben danach treue Diener Gottes zu sein, im Gehorsam gegenüber dem Papst und dem Heiligen Vater. Das ist notwendig, denn wenn jeder nach eigenem Gutdünken handelt, können viele Probleme entstehen. Vor einiger Zeit gab es ein Treffen verschiedener Ordensträger, bei dem eine Priester einen Vortrag über neue Richtlinien im Hinblick auf spirituelle Führung und ihre Umsetzung im Umgang mit Menschen. Die Forderung nach bedingungslosem Gehorsam sei heutzutage nicht mehr zielführend, den Menschen mit sanften und überzeugenden Worten zu erreichen, wäre zeitgemäßer und hätte sich als wirkungsvoller erwiesen. Als ich in die Gemeinde zurückkehrte, setzte ich diese Empfehlung um und bat eine Schwester eine bestimmte Arbeit und Aufgabe zu übernehmen, indem ich sie von der Sinnhaftigkeit und Notwendigkeit vorab überzeugen wollte. Sie begann zu weinen und schien beinah beleidigt. Sie teilte mir mit, dass sie in die Gemeinschaft gekommen sei, um Gehorsam zu lernen, daher sollte ich ihr sagen was sie zu tun habe. Als ich dem Priester davon bei unserem nächsten Treffen berichtete, war er sehr erstaunt und gab mir die Empfehlung in diesem Fall mein bisheriges Vorgehen beizubehalten.

Wir hatten auch einige Schwestern aus Amerika und auch aus reichen Familien, die in unsere Gemeinde einzutreten wünschten und verschiedene Kongregationen vorab besuchen wollten. Die Richtlinien und Umstände, wie auch die Arbeitskleidung, die nicht überall einem Ordensgewand entsprach, schien ihnen ansprechender zu sein. Aber diese Bedingungen hatten sie vorher auch zu Hause, all diese guten Dinge. Ihre Absicht war dies alles aufzugeben, um sich ganz und nur den Armen zu widmen. Wenn wir uns daher ganz Gott widmen, indem wir auf den Ruf hören, werden wir alles aufgeben und nichts für uns selbst behalten. Wie können wir also zurückverlangen, was wir Gott frei vergeben haben? Wir zeigen Jesus unsere Liebe und dienen ihm durch unseren Glauben und dem Dienst am Nächsten. Damit sind wir Beispiel und Vorbild für Andere und wecken vielleicht den Wunsch es uns nachzutun und Jesus zu folgen.

Auf der Welt gibt es viel Elend, die Menschen sterben hungers und es gibt viele, die leiden. Die Armen gehen den Weg des Kreuzes. Ich sage den Schwestern, dass wir ihnen helfen müssen sich zu erheben, wir reichen ihnen unsere Hände und helfen ihnen durch unsere Taten. Wir geben ihnen unser Leben. Wir folgen Christus mit unserem ganzen Sein. (Von Dr. Lush Gjergji, e cit., S. 266-271)

Die Rede von Mutter Teresa nach der Messe in Binçë

„Ich bin glücklich heute bei euch zu sein und mit euch sprechen zu können. Ich danke dem Herrn für alle die Liebe, die ihr mir gezeigt habt und bitte euch alle zu Gott für mich zu beten, für meine Schwestern, für meine Armen, die Gott in unsere Obhut gegeben hat. Betet, dass der Friede Christi mit uns in unseren Herzen ist, im Herzen unseres Volkes. Wir beten, dass Gott unsere Stärke, unser Leben, unsere Liebe sein wird. Betet, dass der Glaube in die Familie zurückkehrt, dass wir lernen einander zu lieben Wir danken Gott, dass er uns hier vereint hat, um von ihm die Gabe des Friedens zu erbitten, was unsere Familien so sehr nötig haben, Gemeinschaften, die ganze Menschheit... Ihr habt ausreichend Nahrung, Getränke und Kleidung, dafür lasst uns Gott danken. Denkt auch an jene, die nichts haben, die auf der Straße an Hunger sterben... Gott möge euch segnen!“ (Von Dr. Lush GJERGJI, v. e Cit., S. 275)

Die Rede von Mutter Teresa in Letnicë

“Wir sind hierher zur Heiligen Mutter Maria gekommen, um Ihr zu danken, weil sie uns Jesus Christus gegeben hat. Das ist unser Weg zu Gott. Vielen Dank für alles Gute, für das, was er für uns getan hat. Ich bin vor allem hierhin gekommen zur Heiligen Schwarzen Madonna, weil ich an diesem Ort beschlossen habe, dem Ruf Jesu zu folgen und auf Mission nach Indien zu gehen, um mich Gott mit ganzer Seele hinzugeben und ihm zu folgen. Bitten wir Gott um ein reines Herz, möge er uns die Kraft geben unsere Nächsten zu verstehen und ihm zu dienen und Liebe für alle Seelen empfinden, die uns begegnen. Sie hatte bei der Hochzeit gesagt, sie hätten keine Wahl, und dann hat sie den Dienern gesagt, sie sollten tun, was Er ihnen sagte. Sie haben der heiligen Mutter gehört, so dass das Wasser in Wein verwandelt wurde. Bei

Mutter Teresa in Letnicë, (1980)

einer Hochzeit, bei der Jesu anwesend war, fehlte es an Wein und Jesus trug den Dienern auf Wasser in die Becher zu gießen. Die Diener wollten dem keine Folge leisten und Maria forderte sie auf seinen Rat anzunehmen. Das Wasser wurde in Wein verwandelt. Folgen wir der Heiligen Mutter Maria und sind reinen Herzens. Den Rosenkranz zu beten hilft uns am Beispiel Marias auf Gott zu vertrauen und nach Glauben und Aufgehoben Sein in Jesus Christus zu streben. Betet auch für uns, damit wir diese Liebe zur Mutter Gottes nie verlieren. Wir bitten sie heute, dass sie uns ihr Herz schenkt, so gut und heilig und rein, so voller Liebe..., dass auch wir, so wie sie und Christus es taten, anderen Menschen zu geben, den Armen, Kranken, Einsamen und Elenden, denen, die nichts und niemand haben. um das ewige Leben und die liebe in Jesus Christus zu finden, Lasst uns alle zusammen beten, um Christus zu lieben, wie die Heilige Jungfrau ihn geliebt hat, und um die Heilige Jungfrau zu lieben, wie Jesus sie geliebt hat."

Ihre Visite der Heiligen „Schwarze Madonna" kommentierte sie mit diesem Satz:

„Auch Letnicë hat sich sehr verändert. Nur zwei Dinge sind seit meiner Kindheit und Jugend gleichgeblieben – die Leibwache des Herzens Christi in Shkup (Skopje) und die Leibwache unserer Lieben Schwarze Madonna in Letnicë". (Von Dr. Lush Gjergji, v e Zit. s. 276-277)

VIERTER BESUCH

Mutter Teresa weilte das vierte Mal in Kosovo am 22-23 Oktober 1982. Sie besuchte die Orte Shkup (Skopje), Letnicë, Ferizaj, Prizren, Zllakuqan und Pejë, wo sie die Ordensgemeinschaft der „Missionare der Nächstenliebe" eröffnete, im Beisein des damaligen Bischofs Don Gjergj Gjergji, der inzwischen verstorben ist.

Mutter Teresa in Begleitung von Don Mark Sopi (verstorbener Bischof) (Zllokuqan 1982)

FÜNFTER BESUCH

Zum fünften Mal während ihres Aufenthalts in Zagreb vom 17. bis 19. Juli 1986 stattete sie ihren Schwestern in Pejë und an mehreren anderen Orten einen privaten Besuch ab (18. 07. 1986). Gelegenheit schenkte ich Mutter Teresa die Monographie "Blumen für die Mutter" und führte ein Interview mit ihr. (Lesen Sie mehr in der Zeitschrift DRITA (LICHT). 7-10, 1986, S. 8-9).

Besuch von Mutter Teresa in Pejë. (1982)

Mutter Teresa spricht vom "Friedenskatheder" (Oslo, 1979)

DER FRIEDENSNOBELPREIS

Der Saal der Verleihung des Friedensnobelpreises (Oslo 1979)

Die Rede der Mutter Teresa bei der Zeremonie der Aushändigung des Friedensnobelpreises

Die heilige Mutter Teresa wird am 10. Dezember 1979 mit dem Friedensnobelpreis ausgezeichnet (geehrt). Am Tag der Preisverleihung hält sie eine wunderschöne Rede, die auf der offiziellen Website des Nobelpreises transkribiert und im Internet veröffentlicht wird. Mutter Teresa hielt am nächsten Tag, dem 11. Dezember 1979, eine Rede, die als Vorlesung mit dem Titel Nobelpreis bezeichnet wird. Mit anderen Worten, es gibt zwei Reden von Mutter Teresa, eine als Rede bei der Preisverleihung am 10. Dezember und die zweite als Nobelvorlesung am 11. Dezember.

Nachfolgend finden Sie die Rede von Mutter Teresa in der Muttersprache Albanisch anlässlich der Verleihung des Friedensnobelpreises. am 10. Dezember 1979 statt.

Lasst uns alle zusammen Gott danken für die wundervolle Gelegenheit, gemeinsam die Freude ausdrücken zu können, dass wir Frieden verbreiten, die Freude, dass wir einander lieben und dass wir Ihn lieben, dass die Ärmsten der Armen unsere Brüder und Schwestern sind.

Wir haben uns hier versammelt, um Gott für dieses Geschenkdes Friedens zu danken. Ich habe Ihnen allen das Friedensgebet gegeben, das Franz von Assisi vor vielen Jahren betete, und ich überlege, ob er nicht die gleiche Notwendigkeit, um den Frieden zu beten, fühlte, wie wir sie jetzt empfinden.

So beten Sie mit mir:

„Herr, mach mich zu einem Boten Deines Friedens,
dass ich dort, wo der Hass ist, Liebe bringe;
wo Unrecht herrscht, den Geist des Verzeihens;
wo Uneinigkeit ist, Einigkeit;
wo Zweifel sind, den Glauben;
wo Fehler sind, die Wahrheit;
wo Verzweiflung ist, Hoffnung;
wo Traurigkeit ist, Freude;
wo Schatten sind, Licht;

O Herr,

Herr, gewähre, dass ich suche, eher zu trösten als getröstet zu werden;
zu verstehen als verstanden zu werden;
zu lieben als geliebt zu werden;
denn,
durch Selbstvergessen findet man;
durch Verzeihen erlangt man Verzeihung;
durch Sterben erwacht man zum ewigen Leben.
Amen."

Gott hat die Welt so sehr geliebt, dass er seinen Sohn einer Jungfrau, der heiligen Jungfrau Maria, gegeben hat, die, als sie ihm das Leben schenkt, ihn früh seinem Weg folgen lässt. Warum hat sie das getan? Sie hat nur die Aufgabe der Dienerin vollbracht. Also hat sie einfach die Freude an der Liebe zum Dienst verkündet. Jesus liebt dich, er liebt mich, er gab sein Leben für uns. Und als ihm das nicht genug war, sagte er zu uns: liebe so, wie ich dich geliebt habe, wie ich dich jetzt liebe und wie wir die anderen lieben sollten, indem wir geben.

Weil er sein Leben für uns gab. Er gibt weiterhin sein Leben, er gibt es weiterhin in diesen Momenten überall, in unserem Leben und im Leben anderer.

Mutter Teresa zusammen mit Gjon Shiroka, (Oslo 1979)

Es war nicht genug für Ihn für uns zu sterben, sondern Er wollte, dass wir uns lieben, dass wir Ihn ineinander in Ihm sehen. Deshalb sagte er: Gesegnet sind die Reinen im Herzen, denn sie werden den Herrn sehen.

Und um sicher zu sein, dass wir verstehen, was wir brauchen, sagte er, in der Stunde des Todes werden wir danach gerichtet werden, was wir für die Armen, die Hungrigen, Nackten, Heimatlosen getan haben. Er machte sich selbst zum Hungrigen, Nackten, Heimatlosen, hungrig, nicht nur nach Brot, sondern nach Liebe, nackt, nicht nur ohne ein Stück Stoff, sondern nackt ohne menschliche Würde; heimatlos nicht nur, weil er kein Heim hat, sondern heimatlos, weil er vergessen ist, ungeliebt, nicht umsorgt, für niemanden liebenswert.

Norwegische Bürger feiern don Friedensnobelpreis (Oslo 1979)

Und er sagte: “Was Ihr dem Geringsten meiner Brüder getan habt, das habt Ihr mir getan.”

Es ist so wundervoll für uns, durch diese Liebe erlöst zu werden. Das Streben nach Heiligkeit und Erlösung ist nämlich nicht ein Luxus für wenige, sondern eine einfache Pflicht für jeden vonuns. Und durch diese Liebe zueinander erreichen wir sie. Heute, da ich diesen großen Preis erhalte - ich persönlich bin äußerst unwürdig - bin ich glücklich wegen unserer Armen, glücklich, dass ich die Armen verstehen kann, genau gesagt die Armut der Menschen. Ich bin dankbar und sehr glücklich, ihn im Namender Hungrigen, der Nackten, der Heimatlosen, der Krüppel, der Blinden, der Leprakranken zu erhalten. Im Namen all derer, die sich unerwünscht, ungeliebt, nicht umsorgt fühlen, die aus unserer Gesellschaft ausgestoßen sind.

Ich nehme den Preis in ihrem Namen an und bin sicher, dieser Preis wird zu einer neuen verstehenden Liebe zwischen den Reichen und den Armen beitragen.

Auch darum ist Jesus in die Welt gekommen, um den Armen diese frohe Botschaft zu verkünden. Bei einer Zusammenkunft von Elenden und Armen vor einigen Wochen haben wir ihnen diese Botschaft im Namen Jesu ans Herz gelegt "Gott liebt uns, wir lieben ihn, ihr seid wichtig für uns, ihr seid durch die gleiche liebende Hand Gottes erschaffen, um zu lieben und geliebt zu werden." Unsere Armen sind großartige Leute, sie sind liebenswerte Menschen. Sie brauchen nicht unser Mitleid und unsere Sympathie, sie brauchen unsere verstehende Liebe. Sie brauchen unseren Respekt, sie wollen, dass wir sie mit Liebe und Achtung behandeln. Wir haben zwar Menschen vor uns, die wegen Mangel an Brot sterben, aber noch größere Armut bedeutet es, ohne Liebe und Achtung und ohne Würde zu sterben.

Ich kann nie vergessen, als ich einen Mann von der Straße geholt

Mutter Teresa mit ihrer Enkelin Age. geborene Bojaxhiu - Guttadauro, (Oslo 1979)

habe und sein ganzer Körper von Würmern bedeckt war, nur das Gesicht war frei. Als wir diesen Mann zum Sterben nach Hause brachten, sagte er uns nur einen Satz: Ich lebte wie ein Tier auf der Straße, aber ich sterbe wie ein Engel, geliebt und akzeptiert (angenommen).

Er starb auf wundersame Weise. Er ging zu Gott nach Hause, weil der Tod nichts anderes ist als eine Rückkehr zu Gott. Nachdem er diese Liebe und Achtung erfahren hatte, empfand er große Freude am Ende seines Lebens.

Ich habe eine Überzeugung, die ich Ihnen allen mitteilen möchte: Der größte Zerstörer des Friedens ist heute der Schrei des unschuldigen, ungeborenen Kindes. Wenn eine Mutter ihr eigenes Kind in ihrem eigenen Schoß ermorden kann, was für ein schlimmeres Verbrechen gibt es dann noch, als wenn wir uns gegenseitig umbringen? Sogar in der Heiligen Schrift steht: Selbst, wenn die Mutter ihr Kind vergessen könnte - ich vergesse es nicht - ich habe es in meine Handfläche geschnitzt.

Heute werden Millionen ungeborener Kinder getötet ohne dass ein Aufschrei durch die Welt geht. In den Zeitungen lesen wir diese und jene Zerstörungen und Katastrophen, aber niemand spricht von den Millionen von Kleinen, die empfangen wurden in Liebe wie Sie und ich, mit dem Leben Gottes. Und wir sagen nichts, wir sind stumm. Für mich sind die Nationen, die die Abtreibung legalisiert haben, die ärmsten Länder. Sie fürchten die Kleinen, sie fürchten das ungeborene Kind. Und das Kind muss sterben, weil sie dies eine Kind nicht mehr haben wollen - nicht ein Kind mehr - und das Kind muss sterben.

Und ich bitte Sie hier im Namen der Kleinen: Rettet das ungeborene Kind, erkennt die Gegenwart Jesu in ihm! Als Maria Elisabeth besuchte, hüpfte das Kind vor Freude im Schoß der Mutter in dem Augenblick, als Maria ins Haus kam. Das Ungeborene brachte

Handgeschriebener Zettel:

Foto Seite 79: Botschaft der Mutter Teresa zu Versöhnung der Blutfehde (Bukarest 1990)

Monsignore Nikë Prela,

Ich bin geistig in Liebe und Glaube immer mit dem albanischen Volk verbunden, besonders in schwierigen Zeiten.

Nach vielen Leiden und Gefahren freue ich mich sehr über die Nachricht des Verzichtes auf Blutrache. Herzlichen Glückwunsch an die albanische Jugend im Kosovo, die diese Arbeit begonnen hat, sowie an alle, die an dieser großartigen und heiligen Arbeit teilnehmen.

Ich bete immer für euch. Gott segne euch. Betet für mich und meine Schwestern und unsere Armen.

In Christus

Lu. Teresa mc

Ich möchte, dass Liebe für die Bedürftigen in aktiv umsetzt wird.

M Teresa mc

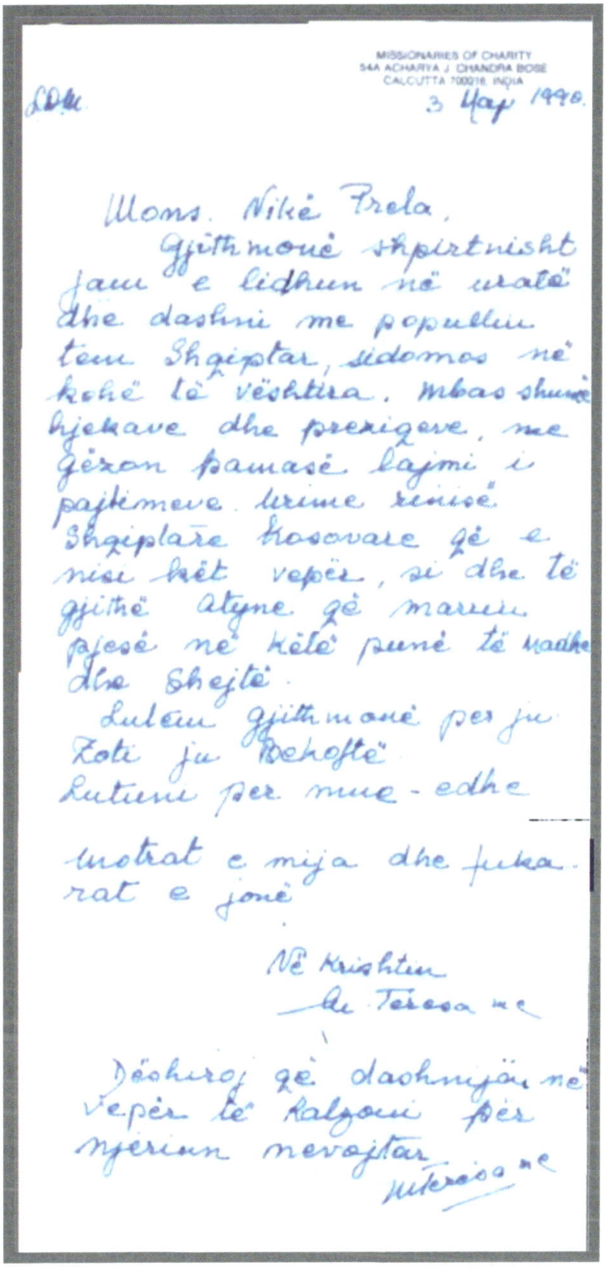

MISSIONARIES OF CHARITY
54A ACHARYA J. CHANDRA BOSE
CALCUTTA 700016, INDIA

LDM

3 Maj 1990.

Mons. Nikë Prela.

Gjithmonë shpirtnisht jam e lidhun në uratë dhe dashni me popullin tem Shqiptar, sidomos në kohë të vështira. Mbas shumë hjekave dhe rrezigeve, me gëzon pamasë lajmi i pajtimeve urime rinisë Shqiptare kosovare që e nisi këtë vepër, si dhe të gjithë atyne që marrin pjesë në këtë punë të madhe dhe shejtë.

Lutem gjithmonë per ju. Zoti ju bekoftë

lutuni per mue - edhe motrat e mija dhe fukarat e jonë.

Në Krishtin

Lu Teresa mc

Dëshiroj që dashnija në vepër të kalzoni për njerinn nevojtar

M Teresa mc

Freude. Daher versprechen wir hier, jedes ungeborene Kind zu retten. Gebt jedem Kind die Gelegenheit, zu lieben und geliebt zu werden. Wir bekämpfen Abtreibung mit Adoption. Mit Gottes Gnade werden wir es schaffen. Gott segnete unsere Arbeit. Wir haben Tausende von Kindern gerettet, sie haben ein Heim gefunden, in dem sie geliebt werden, wo sie erwünscht sind, wohin sie Freude gebracht haben. Deshalb fordere ich Sie heute auf, Majestäten, Exzellenzen, meine Damen und Herren, Sie alle, die aus vielen Ländern der Erde gekommen

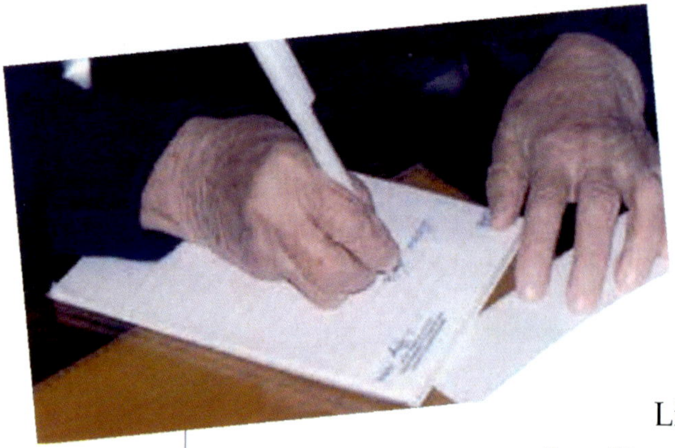

sind: Beten Sie, dass wir den Mut haben mögen, das ungeborene Leben zu schützen. Hier in Norwegen haben wir nun die Gelegenheit, dafür einzutreten.

Ich bin sicher, in vielen Familien mangelt es nicht an Brot, aber an Liebe. Liebe beginnt zu Hause, in der Familie und Liebe ist verletzlich. Nie vergesse ich fünfjährigen Hindujungen, der mir eine sehr schöne Lektion erteilt hat. Er hatte gehört: "Mutter Teresa hat keinen Zucker für ihre Kinder." Er ging nach Hause zu seinen Eltern und sagte: "Ich will drei Tage lang keinen Zucker essen, ich schenke ihn Mutter Teresa." Nach drei Tagen mussten seine Eltern ihn zu mir bringen, der meinen Namen kaum aussprechen konnte, er war voller Liebe und liebte bis es schmerzte. Vergessen Sie nicht, dass es viele Kinder, viele Frauen, viele Männer auf dieser Welt gibt, die das nicht haben, was Sie haben, und denken Sie daran, dass Sie auch andere lieben, mit einer Intensität, die weh tut.

Vor einiger Zeit, das wird Ihnen sehr seltsam erscheinen, habe ich ein Mädchen von der Straße geholt, in dessen Gesicht ich sehen konnte, dass es hungrig war. Ich weiß nicht, wie viele Tage es nichts zu essen hatte. Ich gab ihm ein Stück Brot, und die Kleine aß Krume um Krume. Ich sagte dem Kind: "Nun iss doch das Brot!" Da sah das Kind mich mit großen Augen an und sagte: "Ich habe Angst, das Brot zu essen, ich fürchte, wenn es zu Ende ist, werde ich wieder hungrig sein!" Die große Menge an Armen ist eine Wahrheit.

Eines Tages kam ein Herr zu mir und sagte: "Dort lebt eine Hindufamilie mit acht Kindern, die schon lange Zeit hungern." Ich nahm Reis und brachte ihn dort hin. Ihre Augen waren glänzten fiebrig vor Hunger. Während ich noch dort war, teilte die Mutter den Reis und ging mit einer Hälfte hinaus. Als sie zurückkam, fragte ich sie, was sie getan habe. Sie antwortete: "Sie sind auch hungrig." Sie wusste, dass ihre Nachbarn, eine Moslemfamilie, auch hungrig waren.

Was mich am meisten erstaunte, war nicht, dass sie den Nachbarn etwas abgab, sondern dass sie trotz ihres Hungers nicht vergaß, dass noch jemand hungrig war. Sie teilte nicht nur den Reis, sondern die Liebe. Dies ist es, was ich mir von Ihnen wünsche: Lieben Sie die Armen, und wenden Sie ihnen nicht den Rücken zu, denn wenn Sie den Armen den Rücken zuwenden, so wenden Sie sich von Christus ab. Er hat sich selbst zum Hungrigen gemacht, zum Nackten, zum Heimatlosen, so dass Sie und ich Gelegenheit haben, ihn zu lieben. Wo ist Gott? Wie können wir ihn lieben? Es genügt nicht, zu sagen: "Mein Gott, ich liebe Dich!" Wir lieben Gott in dieser Welt, indem wir etwas aufgeben, etwas weggeben. Natürlich kann ich den Zucker selbst essen, ich kann ihn aber auch weggeben. Ich kann den Erwachsenen geben, ich kann den Kindern geben. Wenn wir den ganzen Tag alles geben würden, ein Leben lang, wären wir vielleicht eines schönen Tags überrascht, dass Menschen teilen und dabei Freude empfinden.

So bete ich für Sie, dass Sie das Gebet in Ihre Familien bringen. Die Frucht des Gebetes wird sein, was wir glauben und für Jesus tun. Wenn wir wirklich glauben, werden wir anfangen zu lieben, und wir werden dann natürlich einander lieben, zuerst in unserem eigenen Heim, dann unseren nächsten Nachbarn, dann die Menschen in dem Land, in dem wir leben. Lassen Sie uns alle in das Gebet einstimmen: "Gott, gib uns den Mut, jedes ungeborene Kind zu schützen." Denn das Kind ist das größte Geschenk Gottes für die Familie, für ein Volk und für die Welt. Gott segne Sie!

(Abschrift der vollständigen Rede der heiligen Mutter Teresa bei der Friedensnobelpreisverleihung: Aula der Oslo University, Norwegen, den 10. Dezember 1979. Die Übersetzung wurde von Don Fatmir Koliqi angefertigt,basierend auf dem englischen Original auf der offiziellen Website des Nobelpreises: https://www.nobelprize.org/nobel_prizes/peace/laureates/1979/teresa-acceptance_en.html

Schenkung der Monografie "Unsere Mutter Teresa", (Pejë 1982)

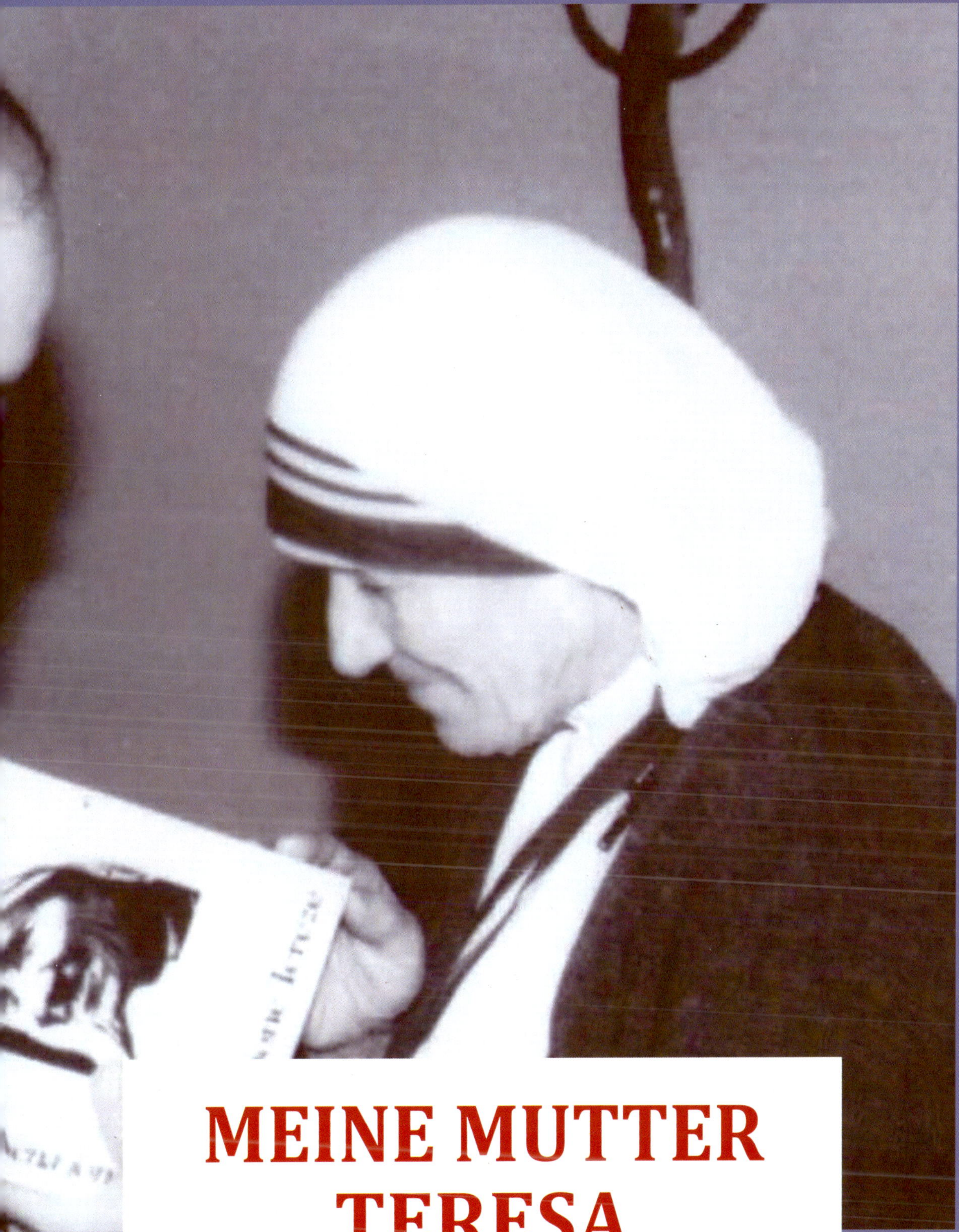

MEINE MUTTER TERESA

MEINE MUTTER TERESA

Um das Porträt von Mutter Teresa zu vervollständigen, werde ich auch einige meiner persönlichen Erfahrungen vorstellen, einige Details, die in mein Herz und meinen Verstand eingeprägt sind.

Eines Donnerstags ging ich zum Haus der "Missionare der Nächstenliebe" in Rom, um mit ihnen zu beten. Dort war auch Mutter Teresa. Ich fand sie sitzend in einer kleinen Kapelle, als wäre sie in Stein verwandelt, stundenlang im Gebet und in der Anbetung vertieft.

Um die Wahrheit zu sagen, nach einer Weile war ich etwas müde aber auch ein wenig gelangweilt ... Gelegentlich las ich die Bibel, manchmal betete ich, ich wartete darauf, dass sie mit dem Gebet aufhörte, damit ich mit ihr sprechen konnte. Aber sie blieb regungslos.

Nach der Anbetung begrüßten wir einander und ich fragte sie, wie es der albanische Brauch ist: " Wurdest du müde"?

„Nein", erwiderte sie, „Ich werde in der Gegenwart meines Herrn nie müde! Bisher haben wir Gott in Brotgestalt angebetet, jetzt gehen wir und finden ihn in Form der Armen".

Für sie war diese „Passage" sehr natürlich.

„Meine Berufung und Deine Berufung entspringen demselben Streben nach Heiligkeit", sagte Mutter Teresa. Ich dachte und glaubte, wenn ich bei ihr wäre, würde ich vielleicht auch heilig werden! In ihrer Gegenwart verliert man das Gefühl für Zeit und Raum, man ist glücklich, als ob man sich in einer anderen Welt befinden würde, vollkommen unbekannt, aber auch so nah dieser Welt, die des Herren und des Menschen.

Treffen mit Mutter Teresa am Hofe des philosophischen Colleges
"Propaganda FIDE", (Rom 1969)

Ich denke nach. Jeden Tag bin ich geistig bei Gott, höre sein Wort, ernähre mich von seiner Liebe und wieder ändere ich mich nicht, oder ändere mich sehr wenig und sehr langsam!

Ich, wir, sind überrascht von der Rolle und Persönlichkeit Mutter Teresas, weil wir niemals in der Welt unsere menschliche und christliche Pflicht erfüllen. Das ist der Grund, weswegen es so viel Elend, Bosheit, Spaltung, Unzufriedenheit gibt... und sie versucht, Heilung für uns zu finden. Sie ist so groß, sehr groß, weil wir klein sind; so sehr klein in unserer Existenz, in unserem Leben und in unserer Arbeit...

Sie ist so menschlich, die Seele des Herren, soweit, dass sie sich fast erschöpft hat, als ob sie nicht als einzigen Willen die Freiheit, ihre Persönlichkeit hat. Sie akzeptiert alles so ruhig, mit so viel Vertrauen und man kann nicht verstehen, ob sie sich gut fühlt oder nicht, ob sie glücklich ist oder nicht, ob sie dies oder jenes tun möchte.

Sie hat ihre Persönlichkeit entkleidet, um in der Lage zu sein eine Mutter mit menschlichem Gesicht personifizieren zu können. Ich würde hinzufügen - auch transparent, was den Mensch Gottes lebendig macht, den Menschen, der nun nicht nur für sich selbst lebt, sondern auch für den Herrn und seinen Nächsten.

Während ich sie begleitete, mehrmals in unserem Bistum, dann auch in Oslo, um den Nobelpreis zu erhalten, habe ich diesen "Mangel an Persönlichkeit" bemerkt. Es war fast so, als ob sie nicht mehr sie sei, sondern sie hatte sich in „ihre Armen" verwandelt, in Menschen, die sie glücklich machen möchte...

Aber hinter diesem Mangel an Persönlichkeit gibt es eine Liebe, es gibt Gott. Gleichzeitig ist sie so zerbrechlich, so sensibel, demütig, süß, aber auch stark, sicher, standhaft, unerschütterlich...

Hier ein konkretes Beispiel: In Oslo wurden wir, also Mutter Teresa, Monsignore Nikë Prela, Schwestern und andere Gäste eingeladen, im Institut der Nonnen von "St. Joseph" zu bleiben. Das Essen wurde nicht am Tisch serviert, sondern man konnte sich selbst bedienen, jeder wählte was er mochte und brachte es an seinen eigenen Tisch. Mehrere Tage hintereinander holte sich Mutter Teresa sehr wenig und trank nichts als ein Glas Wasser, das sie beiseitestellte.

Eines Tages bat ich sie, mit Nikë Prela und mir zusammen zu sitzen und fügte hinzu, dass ich gehen würde, um dem Bischof das Abendessen zu bringen, da er unser Hirte sei. Wir müssten ihn also ehren und respektieren, wie es Tradition in unserem Land sei, und dass ich auch ihr das Abendessen bringen würde.

Sie sah mich liebevoll an und sagte: „Nun, Sie tun gut daran, den Bischof so zu behandeln, mit solcher Sanftmut und Respekt. Sie sollten ihn ehren und lieben, als ob er Ihr Vater wäre, denn er ist der Vater der Menschen Gottes, die unseres Bistums".

Während sie redeten, brachte ich beiden das Abendessen. Ich brachte ihr viel mehr als sie normalerweise selbst gewählt hätte Sie sah mich erstaunt an, fast überrascht, aber sagte nichts. Ich glaube, sie hat den ganzen Teller leer gegessen, nur um mich zufrieden zu stellen. Während des Abendessens sah sie mich von Zeit zu Zeit an, als wollte sie sagen: Ja, was hast du getan? Sie ist so, sie will allen „den Gefallen" tun, sie denkt an andere, aber niemals an sich selbst.

Danach ließ sie sich nie wieder von mir Abendessen bringen ...

In Oslo waren wir wie eine kleine albanische Familie: Mutter Teresa, Monsignore Nike Prela, Mutter Teresas Bruder Lazër Bojaxhiu und seine Tochter, Age Bojaxhiu und ich. Wir sprachen über viele Dinge, über unsere Jugend in Shkup (Skopje) und Letnicë. Sie erzählte uns eine eigene Geschichte, sprach über ihre Berufung, über ihre Familie, über das albanische Volk. Wir fühlten uns in ihrer Gesellschaft so vereint und glücklich und verbunden, dass uns selbst die Trennung für die Nachtruhe schwerfiel.

Eines Abends blieben wir zusammen, bis es schon sehr spät war. Danach schrieb ich meine Eindrücke des Tages auf. Sie kam in mein Zimmer und sagte: „Du schläfst noch nicht, arbeitest du noch?" „Setz dich, willst du noch ein bisschen reden?" Ich antwortete: „Nein, genug für heute Nacht, morgen ..."

Ich wachte absichtlich am nächsten Tag um vier Uhr auf und ging in die Kapelle. Dort fand ich sie sitzend, vertieft in Gebet und Meditation.

Ja, sie lebt für andere, aber sie findet die Kraft, die Quelle in Gott, um so unaufhörlich präsent zu sein, dass ...

Einmal wurde sie von zwei russischen Journalisten interviewt. Die Fragen, die sie stellten, waren politisch, vielleicht provokativ.

Sie sah sie an, sagte aber nichts. Nach einem Moment der Stille sagte einer von ihnen zu Mutter Teresa: „Mutter, es scheint mir, als ob ich vor meiner Mutter stehe, als würde ich mit ihr sprechen. Ich denke, dass dein Glaube groß und dein Gott groß ist. Aber wir können diese Dinge nicht schreiben, Sie können das gewiss verstehen."

Mutter Teresa antwortete: „Machen Sie sich überhaupt keine Sorgen. Ich werde nicht lesen, was Sie über mich schreiben, ich kann nicht einmal Russisch ... Das Wichtigste ist, was in unseren Herzen passiert. Seien Sie immer Träger der Liebe und des Friedens…"

Als ich sie anlässlich des Nobelpreises nach Oslo begleitete, hatte sie eine große Tasche dabei, eine sehr einfache und preiswerte, und sie bat mich mehrmals mit den Worten: „Bitte, halte für mich kurz die Tasche und das Geld, denn bei all diesem Getümmel, wirst du darauf besser aufpassen können." In Oslo war sie fünf Tage von Journalisten, Fotografen, Fernsehkameras, Radio- und Fernsehkommentatoren und einer großen Menschenmenge umgeben, wohin sie auch immer ging.

(Sie gab viele Interviews). Ich fragte sie: Ist dieser ganze Trubel für dich nicht anstrengend?

„Ich habe einen Vertrag mit Jesus abgeschlossen, für jedes Bild, das sie von mir machen, entkommt eine Seele dem Fegefeuer", gab sie mir mit großer Bereitwilligkeit lächelnd zurück. Dann fuhr sie fort:

Student Mark Sopi grüßt Mutter Teresa auf Albanisch, (Rom 1968)

„Wenn sie mir nur all das Geld für die Armen geben würden...". Und schloss ab: „Vielleicht ist beides zur Ehre Gottes notwendig."

Einmal fragte ich sie direkt: Solange Sie am Leben sind, wird alles bestens laufen, jedoch was wird nach Ihrem Tod?

Mutter Teresa: „Wenn meine Kongregation das Werk Gottes ist, dann wird sie sich nach meinem Tod zum Wohl der Menschheit und der Kirche entwickeln und gedeihen. Jedoch, wenn meine Schwestern eines Tages Gott nicht treu sein werden, nicht seinen Willen ausüben, dann werde ich zum lieben Gott beten, meinen Orden so schnell wie möglich aufzulösen ... "

In Oslo wurden wir von einer kroatischen Familie eingeladen. Sie war die Familie des Wächters der Ordensgemeinschaft "St. Joseph". Als die ganze Familie glücklich um Mutter Teresa herumsaß, rannte plötzlich Franco, ihr jüngster Sohn, nach draußen. Wir dachten, er hätte Angst, oder ... Nach einer Weile kehrte er zurück und umarmte Mutter Teresa, nahm sie bei der Hand und hielt sie fest. Er hatte ein wenig Kleingeld in der Hand, „seine Ersparnisse", die er Mutter Teresa reichte und sagte: „Für deine armen Kinder!"

Diese außergewöhnliche Geste kommentierte sie wie folgt: „Dies ist ein höherer Preis als der Nobelpreis, der von einem unschuldigen Herzen kommt, das dieses Geld seit Wochen sammelt, um es den Armen zu geben."

Während wir in Oslo waren, stattete sie am 10. Dezember 1979 um 9:30 Uhr dem König von Norwegen, Olav V., einen kurzen Besuch ab. Sie wurde mit allem gebührenden Respekt empfangen. Nach der Begrüßung und einem kurzen Gespräch fragte Mutter Teresa den König: „Eure Majestät, werden Sie heute bei der Nobelpreisverleihung anwesend sein?"

König Olav antwortete: „Ich würde gerne kommen, aber ich stehe immer im Mittelpunkt der Aufmerksamkeit der Menschen, deshalb möchte ich nicht, dass dies heute passiert. Heute ist Ihr Tag. Sie

Schenkung der Monografie “Blumen für die Mutter”, (Zagreb 1986)

sind die Persönlichkeit, also möchte ich Ihnen diesen Tag nicht verderben."

"Nein, Majestät, nein. Weder Sie noch ich sind wichtig, sondern im Mittelpunkt sind Gott und unsere Armen. Wenn Sie also kommen wollen, würden Sie mich und andere glücklich machen."

Der König nahm den Vorschlag nach dieser Aussage an und war zur Überraschung aller, insbesondere der Organisatoren, bei der Zeremonie anwesend.

Auch Mutter Teresa überraschte das Nobelkomitee, als sie das offizielle und feierliche Abendessen, das sie ihr zu Ehren organisiert hatten, ablehnte und sagte: „Ich kann ein solches Abendessen nicht akzeptieren, solange unsere Menschen leiden und verhungern... wir wollen arm sein, wie sie es sind ...". Das Geld, das für das Abendessen ausgegeben worden wäre, wurde Mutter Teresa für die Armen mitgegeben.

Dann begleiteten wir sie zum Flughafen Oslo. Bevor sie sich von uns trennte, sagte sie: „Jetzt reise ich nach Rom, um ein paar Tage mit meinen Schwestern zu verbringen, dann werde ich den Papst treffen. Ich habe beschlossen, mich aus dem öffentlichen Leben und auch als Oberhaupt der Kongregation zurückzuziehen. Ich werde in die Stadt der Aussätzigen zurückkehren!"

Das tat sie auch, aber der Papst Johannes Paul II. bat sie in seinem und im Namen der ganzen Kirche: „Mutter, du bist das lebendige Zeugnis Christi und des Evangeliums. Deshalb musst du überall hingehen, wo du gerufen wirst, zu den Menschen zu sprechen und die Liebe Gottes für alle zu bezeugen ...".

Nach ein paar Monaten erzählte sie mir: „Der Heilige Vater sagte mir, ich solle weiterarbeiten, unsere Häuser besuchen und das Zeugnis des Herrn in die ganze Welt tragen. Deshalb werde ich tun, was er von mir verlangt, das heißt, ich werde dem Willen des Herrn gehorchen." Vor ihrer Abreise nach Rom hatte ich ein Gespräch mit dem Vorsitzenden des Nobelkomitees, Dr. John Sannes, der mir sagte: „Wir wissen wirklich nicht, wer mehr gewürdigt ist, wir oder Mutter Teresa, die den Nobelpreis erhalten hat. Wir möchten uns ganz herzlich bei Mutter Teresa bedanken, die den Friedensnobelpreis erhalten hat. Dadurch ist der Wert dieses Preises enorm gestiegen... Ich denke, sie kann uns sehr helfen, indem sie uns einige Anregungen gibt, was unseren Brauch und unsere Tradition betreffen. Es wäre besser und einfacher, wenn sie diese Auszeichnung noch einmal bekommen würde" (er sagte dies mit einem Lächeln, vielleicht sogar scherzend).

Mutter Teresa war in Shkup (Skopje). Sie wollte ein Haus eröffnen, stieß aber auf viele Hindernisse, da die Behörden ein Haus in der Nähe der Bischofsresidenz als Fachlager für „Makedonija-Film" nutzten. Sie sagte mit großer Zuversicht und Überzeugung: „Kein Problem, keine Sorge. Morgen werde ich die wundervolle Medaille Unserer Muttergottes werfen und alles wird gut enden, wir werden das Haus bald haben."

Dann erzählte sie diese Episode: „Wir waren in London und brauchten ein Haus, ein eigenes Haus. Die Schwestern sagten mir, dass es aus vielen Gründen bequemer wäre, dieses Haus zu kaufen. Aber es gäbe Probleme mit dem Eigentümer, der es gar nicht verkaufen wolle ... Ich sagte zu den Schwestern: Vertraut mir, morgen werde ich die wundervolle Medaille unserer Muttergottes werfen und alles wird einfacher. Und am nächsten Morgen tat ich genau das. Am Abend kam dieser Mann und sagte zu mir: "Ich möchte das Haus verkaufen und ich möchte, dass Sie es sind, die es kaufen ...". Der Preis entsprach unseren Vorstellungen und Möglichkeiten ... Sehen Sie, dies ist das Werk Unserer Muttergottes", endete sie ihre Erzählung.

In Shkup (Skopje) tat sie dasselbe und erzielte die gleichen Ergebnisse, sie bekam den Teil des Hauses, in dem Filme aufbewahrt wurden ...

1986 war Mutter Teresa in Zagreb. Die Heilige Messe wurde in der Kathedrale des Erzbischofs von Zagreb, Kardinal Franjo Kuharic und vor etwa 50 Priestern und einer Menschenmenge gefeiert, die die Kathedrale und den Platz davor füllte.

Nach der Messe gab es eine endlose Prozession von Menschen, von der Kathedrale bis zur Residenz des Erzbischofs, die Mutter Teresa in ihrer Mitte eingeschlossen hatten. Sie wollten sie sehen, sie berühren, ihr so nahe wie möglich sein...

Eine Frau kniete weinend vor ihr und wollte ihre Füße küssen: „Gesegnet ist der, der im Namen unseres Herrn kommt! Lass mich diese gesegneten Füße küssen, die auf den Wegen der Welt wandeln und die Liebe Gottes überall hinbringen!"

Wir waren alle berührt von dieser herzlichen und einfachen Geste, sogar Mutter Teresa, die kommentierte: „Heute haben die Menschen ein so großes Bedürfnis nach Gott!"

Beim Abendessen im Palast des Erzbischofs erzählte sie verschiedene Episoden von ihrem Besuch in Kuba und Auszüge aus einem Gespräch, das sie mit dem Führer Fidel Castro geführt hatte.

„Nach einem herzlichen Gespräch stand er auf und sagte: „Mutter Teresa, danke für deinen Dienst an den Armen und Bedürftigen." Ich antwortete kurz: „Ich tue es für Jesus...", und fügte dann hinzu: „Ich werde für dich und für deine Familie beten, damit du die Liebe des Herrn und deines Volkes hast."

Und ich sagte ihm, er solle mit mir beten ... Castro antwortete: „Mein Gebet für Sie und Ihre Schwestern wird meine Hingabe an die Armen und Bedürftigen sein."

Bei unserem letzten Treffen und herzlichen Gespräch sagte siezu mir: „Wenn du einen Tropfen Wasser getrunken hast, denkean mich, bete für mich und ich werde immer in meinen Gebeten vor Unserem Lieben Herrgott an dich denken, denn du bist mein Priester!".

(Don Lush Gjergji, "Mutter der Liebe", DRITA, 2010, S. 212 - 221)

INHALT

Die Übersetzung und Veröffentlichung wurde durchgeführt und unterstützt durch: ABSKK in Deutschland, Idahije Ibraimi, Leiterin der Sprachenschule ABC- Sprachenservise IBRAIMI in Wuppertal und unseren berühmten Maler: Ben Kamili.

Katalogisierung in Publikationen - (CIP)

Nationalbibliothek des Kosovo „Pjetër Bogdani "

27-76-051 (092)

929 (= 18: 497.7) Teresa, Mutter

Übersetzt aus dem Original mit dem Titel:

„Mein albanisches Volk trage ich in meinem Herzen" (Gespräche mit der Heiligen Mutter Teresa / Don. Lush Gjergji.
- Prishtinë: Drita,

2019. - 96 S.: Ilustr.; 24cm.

ISBN 978-9951-17-064-2